HEYNE

W0046943

Das schmeckt uns . . .

Essen

Wohlschmeckende und nahrhafte Gerichte als Rezepte gesammelt und herausgegeben vom Ministerium für Handel und Versorgung der Deutschen Demokratischen Republik

...und unseren Gästen!

wie Erich

Das Beste aus Honeckers Hofküche

angerichtet von Klaus Steffen
garniert von Barbara Henniger

serviert
von Eulenspiegel bei Heyne

So wie wir heute essen, werden wir morgen arbeiten!
Auweia– hoffentlich ist genug da.
Kati gefällt mir besser
Immer die!!

Inhalt

Und auch sonst allerlei von EH und je, dazwischen Inserate und schöne Bilder

Ein Wort vorweg

Sehr geehrte Gäste!

Wir begrüßen Sie sehr herzlich im Restaurant unseres Hauses
und wünschen Ihnen einen angenehmen Aufenthalt.
Wir werden bemüht sein,
Ihnen Stunden der Entspannung zu bereiten.
Eine Auswahl erlesener Speisen und Getränke
wird dazu beitragen.

Finden Sie Worte der Anerkennung oder
haben Sie Hinweise zur Verbesserung unserer Arbeit,
so wenden Sie sich bitte an den Leiter des Restaurants,
an ein Mitglied des Gästebeirates
oder machen Sie von unserem Buch „Der Gast hat das Wort"
Gebrauch.

Ihr Gasthaus »Zum fidelen Erich«
Träger zahlreicher Auszeichnungen

Hors d'oeuvre

Essen ist – Sie werden es nicht glauben! – reine Geschmackssache. Manchmal aber auch Politik mit kulinarischen Mitteln. Es ist vom Zeitgeist ebenso geprägt wie die Mode. Oben entworfen, unten von der Masse getragen. Oben zusammengekocht, unten von der Masse – nee, eben nicht. Da lag der Hase bereits im raren weißen Pfeffer.

In den privaten vier Küchenwänden der DDR war die Monsator-Kochmaschine ein Herd unendlicher Phantasien. Den realen Zutaten hingegen waren Grenzen gesetzt. Ach ja, auch Mauern.

Aber wir hatten vieles für uns ganz allein: Bino, Kaffee im Nu, Tempolinsen, Goldy, Vita-Cola, Suppina-Suppen, Rote Grütze von Rotplombe (griesig-rosafarbene Chemie!), Dresdener Worcester-Sauce (unerreicht!!!), Instant Reismehl für die Kleinen, Jodsalz, das auch wirklich nach Jod roch ... Ach ja.

Ein Kalbsschnitzel, eine zarte Rinderroulade, ein Schweinefilet – sogenanntes »Edelfleisch« – nie gab's das. Aber

Hors d'oeuvre

immer wieder setzten wir es Freunden und Verwandten aus Ost und besonders aus West vor.

Angestanden,
angebraten,
angegeben.

Immer weitläufiger zogen wir unsere Bekanntenkreise. Aber kennen Sie heute vielleicht noch einen Fleischer persönlich? Oder einen Gemüsehändler? Wozu auch? Staatsessen hingegen waren ein Politikum. **Angeordnet, angebraten, angegeben.** Ein kulinarisch verwöhnter Gaumen versöhnte den hohen Gast – länger als einen Rülpser lang - mit holprigen Tischreden, ausgestopften Claqueuren, Kuhstallbesuchen, Gemäldegalerien, Stasijungs unterm Bauarbeiterhelm und jubelnden Jungpionierspalieren.

Jedes der Staatsmenüs – soviel Zeit mußte sein! – wurde von Erich Honecker abgesegnet, sozusagen komplex ideell »abgeschmeckt«. Er selbst liebte eher Makkaroni mit Gulasch oder Kaßler mit Sauerkohl, nein, nein, trotz Straußscher Kredite stieg der prinzipienfeste Staatsratsvorsitzende nicht auf Bayrisch-Kraut um. Sein Geschmack war kleinbürgerlich wie sein ganzer Staat.

Hors d'oeuvre

HORS D'OEUVRE

Dieses Buch enthält **27 originale** – bisweilen auch originelle – **Festmenüs** nach Staatsherrenart, weit über hundert Einzelgerichte, komponiert und auf das lukullische hohe C gebracht von international dekorierten Meisterköchen der DDR.

Die Rezepturen, ursprünglich für die Speisung weniger bis Hunderter Staatsgäste vorgesehen, sind in diesem Buch jeweils für vier bis sechs Personen bemessen. Sie lassen vermuten, daß so ein Festessen bei »Hofe« trotz der Erlesenheit ein Tafelbild nach DDR-Volksgeschmack war, flambiert mit der unstillbaren Sehnsucht nach Champignons und Ananas, frischen Erdbeeren und Spargel.

Und so rufen wir auf zum großen Wettbewerb: Greif zum Kochlöffel, Kumpel!

Schöner unser Mittagstisch – koch mit!

HORS D'OEUVRE

Verwandeln Sie Ihre Wohnküche in einen Bankettsaal. Speisen Sie brüderlich wie einst im Roten Oktober mit Gromyko, Kadar, Castro, Husak und Shiwkow. Kauen Sie für den Weltfrieden wie einst im diplomatischen Tauwetter mit Kekkonen, Papandreou und Craxi. Erheben Sie das Glas mit den ruhmreichen Sportlern, tapferen Kampfgruppenkommandeuren und verdienstvollen Frauen auf Ihrer ganz privaten DDR-Grusel- oder Nostalgieparty.
Genießen Sie dazu die Sättigungsbeilagen aus Eulenspiegels Kochkiste!

Denn: *Es war nicht alles schlecht ...*

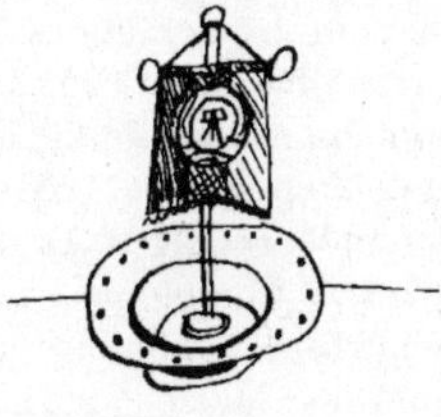

Werter Kollege Kraftfahrer!

Für Sie ist in der HO-Gaststätte „Ahornblatt", 1020 Berlin, Fischerinsel 12, ein Imbiß vorbereitet.

Die realsozialistischen Gebote der Kulinardiplomatie oder: Wie koche ich einen Staatsgast ab?

Man nehme ein freigeräumtes Flugfeld, weitab organisierten Charterverkehrs, rolle darauf einen roten Teppich aus und säume ihn lückenlos mit gründlich durchgekneteten und in Marxismus-Leninismus mehrmals gewendeten Werktätigen. Dazu gebe man mit Winkelementen garnierte Jungpioniere und menge einige stimmgewaltige Tschekisten (wahlweise auch Sicherheitsbeamte) dazwischen. Diese Masse je nach Stand der Beziehungen zum hohen Gast bei geringer Wärmezufuhr leicht köcheln oder auf großer Flamme kräftig aufwallen lassen! Schon in Vorbereitung des Staatsmahls mit gezielten Indiskretionen aus der Gerüchteküche der eigenen Bevölkerung das Herkunftsland des Gastes in einem Bunten Salat nach Art des Großen Hauses näherbringen und so die Sehnsucht nach Fernreisen – vor allem in das NSW (das nichtsozialistische Wirtschaftsgebiet) – möglichst auf Sparflamme halten.

Als Zutaten gespaltene Zunge, fette Enten, Butterberge, faule Eier, Gesülztes, kalten Kaffee, Kohl und geriebenen Käse verquirlen und damit Windbeutel füllen .

Bei der Begrüßung mit Handschlag oder Bruderkuß sowie kurzgehaltenen Worten den brüderlichen Genossen oder westlichen Exzellenzen wohldosiert Honig um den Mund streichen. Lebensweisheiten und Dogmen zunächst nur löffelweise verabreichen. Den Staatsgast in eine ausreichend große, wohldekorierte mobile Metallform geben, sich setzen bzw. – falls kein Kaiserwetter im Saisonangebot ist – gut abtropfen lassen und rasch an einen gediegenen Ort der Gastlichkeit befördern.

Von parteigeschultem Spitzenpersonal je nach Zweck des Staatsbesuchs – Kreditnahme, Kreditvergabe, Märkische Safari, Gallenoperation, Einkaufsbummel, Abenteuertouristik, Waffenhandel oder Einfach-nur-mal-Ausspannen – das Menü der folgenden Tage zusammenstellen lassen. Die Auswahl der Zutaten und Zubereitungsarten flexibel dem Geschmack und der Verdauung der Gastdelegation anpassen.

Ob man nun unter ständigem Rühren den Besucher auspreßt, ihn sorgsam enthäutet, in Silberfolie wickelt, mit roten Nelken spickt, für ihn Aufläufe in Land-, Forst- und Bauwirtschaft anrichtet, ihn sauersüß in Dressing anmacht, mit Radeberger Pilsner und Rotkäppchen halbtrocken ablöscht, in zähen Verhandlungen von beiderseitigem Interesse glasig schwitzen läßt oder ihn ganz ausgelassen mit Speck ummantelt, auf kleinem Feuer schmoren oder auch mal zehn Minuten ruhen läßt, über Nacht einweicht, seine Forderungen mundgerecht zerpflückt oder schaumig schlägt – all das ist Zeugnis der Hohen Schule kulinarischer Diplomatie.

Sollte sich der Staatsgast zu sehr erhitzen, stocken oder zu stark Farbe annehmen, nichts anbrennen lassen! In diesem Fall – kleiner Küchentrick! – großzügig mit Orden und Ehrenzeichen garnieren und echt Meißner Services, Elektrolokomotiven, Ernte- und Druckmaschinen, gesammelte Goethe-Ausgaben in Leder oder ähnliches beigeben. Viel ist manchmal mehr! Zeichnet sich dennoch – trotz Abschrecken – ein Mißerfolg oder gar ein weltpolitischer Eklat ab, den Staatsgast kaltstellen und ziehen lassen!

Als Dessert empfiehlt der Küchenmeister:

EINERLEI TROPFEN

Bla-bla-bla

Auf einer Agitationskonferenz berieten in Berlin Journalisten und Funktionäre über die maßgebliche Rolle der Medien bei der politischen Bildung des Volkes der DDR.

In der Mittagspause strömten die Meinungsmacher erwartungsvoll in den Speisesaal. Auf der Karte stand: »Gedämpfte Zunge. Nachtisch: Windbeutel!«

... große Bahnhöfe

Der Staatsratsvorsitzende liebte den »großen Bahnhof«. Seine Gäste empfing er auf dem Flughafen Schönefeld bei Berlin, der wenigstens postalisch der DDR-Hauptstadt zugeschlagen war. Seinen Wuchs von einsachtundsechzig glich er durch eindrucksvolles »Protokoll« aus. Politbüro und Regierungsspitze standen stramm in Reih und Glied, damit die Staatsgäste möglichst lange diese nationale Front abschreiten mußten.
Bestellte Claqueure wurden zum »freundschaftlichen« oder

»brüderlichen« Empfang – je nach Herkunftsland des hohen Gastes – mit Bussen herangekarrt, fast alle waren Angehörige des »Apparates«. So hielt sich der Verlust an produktiven Arbeitsstunden in Grenzen. Die professionellen Polittouristen entrollten aufs Stichwort Transparente.
Dazu erschollen die Oskar-Fischer-Chöre: »Acht – neun – zehn – Klasse!« Der Journalistentroß malte Strichmännchen in den Notizblock, die Fertigprodukte aus Herrmanns Agitationsküche waren längst abgesetzt.
Der erste Eindruck ist der beste! Als Sinnbild der friedliebenden DDR postierte sich eine Ehrenformation von Soldaten, die vorher in der Mannschaftsgarderobe kunterbunt als Matrosen, Flieger oder Infanteristen verkleidet wurden. Artilleristen jagten hinter aufgeschütteten Erdhügeln bis zu 21 Böllerschüsse als »Salut der Nationen« in die Luft, während das Stabs-Musikkorps die Staatshymnen intonierte. Das zog immer! Gast und Gastgeber wischten sich angesichts von klingendem Spiel und stechendem Schritt so manche Rührungsträne aus den Augenwinkeln. Die Liebe war da!

In den siebziger Jahren erreichte das Zeremoniell kosmische Höhen. Beim Empfang der Kosmonauten Waleri Bykowski und Sigmund Jähn durch Erich Honecker in Schönefeld und der anschließenden Triumphfahrt Richtung Pankow wurden 300 500 begeisterte DDR-Hauptstädter auf die Beine gebracht, 353 Orchester und 540 Imbißbuden installiert.

Auch Indira Ghandi und Leonid Breschnew wurden zwanzig Kilometer vom Spalier »Hunderttausender begeisterter Menschen« – O-Ton Neues Deutschland – begleitet.

Und immer wieder am Straßenrand die unauffälligen Pärchen junger Männer mit Handgelenktäschchen, in denen Funkgeräte verborgen waren. An den Mündungen der Zufahrtsstraßen zur abgesperrten »Protokoll-Strecke« lauerten »Rammautos« vom Typ Lada mit laufenden Motoren, um sich im Ernstfall mit ihren Metalleibern zwischen Attentäter und Fahrzeugkonvoi zu schieben. Die Chauffeure trugen Sturzhelme und entsicherte MPi.

... EINEN AMTSSITZ

Vor dem abendlichen Festessen für Staatsoberhäupter und Regierungschefs im Festsaal des Amtssitzes am Marx-Engels-Platz trafen sich Staatsgast und Staatsratsvorsitzender gewöhnlich im Foyer des Hauses, das 1964 zum 15. Jahrestag der DDR von Walter Ulbricht im Erstbezug eingeweiht wurde. Die Fassade schmückt ein Portal des ehemaligen Barockschlosses der Hohenzollern, entworfen von Baumeister Johann Friedrich von Eosander anno 1713.

War es das schlechte Gewissen Ulbrichts wegen der Sprengung des im Zweiten Weltkrieg beschädigten Schloßbaus, die er wenige Jahre zuvor angeordnet hatte? Oder war es der Wunsch, selbst einmal Schloßherr zu sein?

Auf jeden Fall brauchte die Aktion ein Mäntelchen, ein purpurnes, noch besser ein fahnenrotes. Und es fand sich eines. *»Am 9. November 1918 wehte auf dem Schloß die rote Fahne der Ar-*

beiterklasse. Vom Balkon im zweiten Stock des Portals IV rief Karl Liebknecht die freie sozialistische Republik Deutschland aus.«
Da staunt der Fachmann, und der Augenzeuge wundert sich, und der Sender Jerewan frohlockt. Denn: im Prinzip stimmt das schon, nur war es Scheidemann, der um 14 Uhr die Republik proklamiert hatte, und es geschah nicht vom Schloßbalkon, sondern von einem Fenster des Reichstags aus. Liebknecht kam erst später zum Lustgarten, kletterte auf einen Lastkraftwagen und verkündete nach dem Sturz des Kaisers seine sozialistische Republik. Da waren's zwei Republiken. Erst danach schaute er vom Schloßbalkon herunter, über dessen Brüstung seine Genossen mangels einer Fahne einen roten Läufer geworfen hatten.
Die Sache mit dem Roten Teppich blieb dann auch in der Arbeiter-und-Bauern-Republik eine schöne proletarische Tradition.

Heißer Tip

Eine Verkehrsdurchsage von Radio DDR, Messewelle: »Vollsperrung der Autobahn Berliner Ring in Richtung Hermsdorfer Kreuz zwischen den Abfahrten Dessau-Süd und Dessau-Ost. Grund: Ein umgestürzter mit Südfrüchten beladener Lkw.
Sie erreichen die Unglückstelle am besten über die Fernverkehrsstraßen ...«

... EINEN PERSONALAUSWEIS

Das Alphabet war sozusagen das A und O bei Festempfängen, Festessen und Festivitäten »anläßlich ...« oder »zu Ehren von ...« In der Mitte des Präsidiums, der Tafel oder der Loge saß grundsätzlich Erich Honecker und neben ihm der Staatsgast. Waren die entsprechenden Gattinnen abwesend, folgten in der Reihenfolge rechts Ministerpräsident Willi Stoph und links Horst Sindermann. Dieses Triumvirat hatte sich auch die ersten drei Personalausweisnummern der DDR von A 0000001 (Honecker) bis A 0000003 gesichert. Beiderseits folgten dann die anderen Mitglieder und Kandidaten des Politbüros sowohl mit den Ausweisnummer als auch auf den Plätzen in der Tafelrunde. Daran gab es nichts zu rütteln. Axen nach Sindermann, Krenz hinter Keßler und Kleiber, obwohl diesem rangmäßig als »Kronprinz« eigentlich mehr Chefnähe zugestanden hätte. Inge Lange hatte Harry Tisch, wenn der nicht wegen Unpäßlichkeit ausfiel, als ständigen Tischherrn, denn sie führte mit ihrem »L« die Liste der Kandidaten an.

Doch der Protokollgewaltige und die Hoffotografen hatten

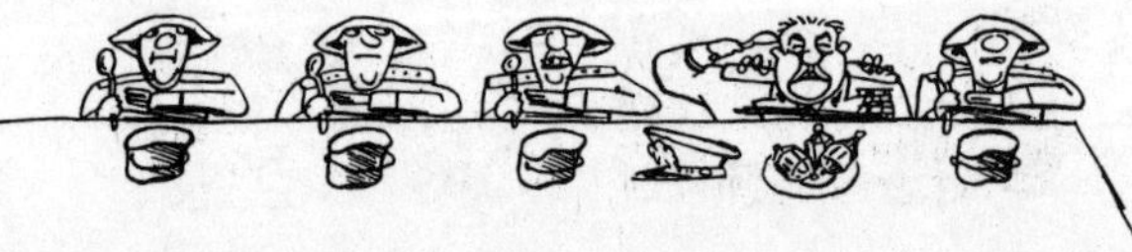

auch Ausnahmen zu beachten. Bei einem Stehempfang beispielsweise mußte auf jeden Fall verhindert werden, daß der Zwei-Meter-Mann Alfred Neumann neben den »laufenden Meter« Hermann Axen zu stehen kam.
Mit zunehmendem Alterungsprozeß des Politbüros (der Durchschnitt lag niemals unter sechzig Jahren) durften Fotos der Senioren nur noch mit Einverständnis des Agitationssekretärs Herrmann gedruckt werden. Er veranlaßte auch, daß die immer lichter werdende Haartracht der Herren mit dem Retuschierpinsel in Lockenköpfchen verwandelt wurde.
Das Protokoll galt auch für die Blockparteien der Nationalen Front. Bei der Unterzeichnung eines Vertrages zwischen der DDR und der UdSSR war der NDPD-Vorsitzende Homann nur undeutlich zwischen zwei unbedeutenden Köpfen zu erkennen. Na aber! Da holte man einen kompletten Homann aus der »Konserve« und montierte ihn von Kopf bis Fuß an den linken Bildrand.
So sah man in der »Nationalzeitung« Blockflöte Homann gleich zweimal auf einem Foto! Das schaffte Honecker nie, obwohl es ihm gelang, in einer Ausgabe des *Neuen Deutschland* über 40mal auf Bildern vom Leipziger Messerundgang zu erscheinen.

Franz Jahsnowski, achtzehn Jahre lang Honeckers Protokollchef:
»Ich habe Honecker hautnah erlebt und weiß: Er war ein Schauspieler. Nicht besonders intelligent, aber er hatte so seine Tricks. Zum Beispiel Nuscheln. Wenn bei diplomatischen Empfängen unangenehme Fragen an ihn gestellt wurden, dann fing er an zu nuscheln.«

… MEHRERE PREISSTUFEN

Während Genosse Kokoschinsky mit seinen Einkaufsbeuteln und Dauervisum beim Ulrich-Supermarkt am Bahnhof Zoo für Staatsempfänge, Festbanketts und Jubiläumsfeiern im Klassenauftrag die nötigen I-Tüpfelchen und Extras erwarb, tauschte der Leiter einer Clubgaststätte im Hinterzimmer einer Kleinstadtfleischerei in harten Verhandlungen Karten für den Silvesterball oder die zugeteilten zwanzig Kästen Exportbiers gegen »Edelfleisch« wie Schweinefilet und Kalbskeulen ein. Rotkäppchen-Sekt gegen Eispulver. Mancher hatte auch seinen Rentner Kokoschinsky, der ihm – eins zu sechs – aus Westberlin Tomaten, grüne Gurken, kandierte Kirschen oder Blattgelatine mitbrachte.

Bemerkenswert, welch phantasievolle kulinarische Kreationen Köche der Preisstufen I (Bahnhofskaschemme) über IV (Familienrestaurant) bis S (Interhotel) aus Schweinebauch und Kamm zauberten.

Dabei enthielt – laut Vorschrift – kein Menü mehr als 150 Gramm Fleisch. Ob bunte oder weiße Tischdecken, echte oder falsche oder gar keine Blumen, Kellnerfrack oder Mutterns Kittelschürze – alles legte die Preisstufe fest. Der Koch eines mittleren Lokals (II oder III) ließ sich zudem noch klangvolle Namen für das Angebot à la carte einfallen: bodenständig wie Bauernkotelett, Mecklenburger Zwiebelsuppe und Eisenhüttenstädter Klopse oder brüderlich wie Pußtasteak, Böhmenknödel oder Soljanka, exotisch wie Zigeunerschnitzel oder Eisbecher »Hawaii« ... Zur Not waren es eben nur »Überraschungsbeilagen« oder Gerichte »nach Art des Hauses«.

Protest

Ein Gast verlangt in einer HO-Gaststätte: »Bitte, Rinderroulade mit Klößen und Rotkohl ...«
»Ham wa nich!«
»Dann nehme ich Schweinsmedaillons, junge Erbsen und ...«
»Ham wa nich!«
»Dann eben Kalbskotelett mit Champi ...«
»Ham wa nich.«
Der Gast schimpft:
»Zum Kotzen ...«

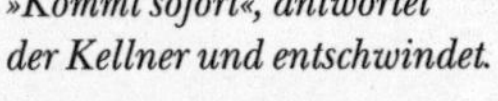

»Kommt sofort«, antwortet der Kellner und entschwindet.

... 21 Autos

Honecker liebte Autos, anfangs seinen »Tschaika«, der auf 100 Kilometer dreißig Liter verbrauchte. Mitte der siebziger Jahre folgten der »Volvo«, mehrere Citroëns. Die private Armada umfaßte 21 Pkw, davon drei fürs Personal, zwei Land Rover, zwei Range Rover, zwei Mercedes 280, einen Toyota für die Jagd, zwei Toyota der S-Klasse, einen Toyota Jeep, einen Suzuki Jeep, einen ARO Salon, zwei weitere ARO, einen Citroën BX 16 SR und einen Niwa. Ehefrau Margot und Tochter Sonja fuhren Wartburg. Nachdem der Staatsratsvorsitzende Mitte der achtziger Jahre seinen »Silberpfeil«, ein Geschenk des japanischen Kaisers, an einen Baum gesetzt hatte, besorgte Freund und Wirtschafts»experte« Günter Mittag umgehend in Fernost genau den gleichen Wagen, obwohl dieses Modell längst nicht mehr hergestellt wurde.
Sonderanfertigung für den deutschen demokratischen Kaiser.

... EINEN »GROSSEN BRUDER«

Mit Breschnew, seinem Stalin-Ersatz, trank Honecker am liebsten. Gründe, das Glas zu erheben, gab es viele. Der bedeutendste war nach 1971 die zielstrebige Ausschaltung des politischen Ziehvaters Walter Ulbricht aus der Staatsführung sowie »aus Altersgründen«. Breschnew, geübt in der Intrige gegen Chrustschow, bereitete den Boden, Gromyko zog die Fäden und Erich Honecker spendierte ein Staatsessen (Menü Nummer 1) zur Siegesfeier. Am 16. Dezember 1980 schrieb Politbüromitglied Werner Krolikowski todesmutig in sein geheimes Tagebuch über die Spießgesellen Honecker und Mittag: »Das Verhältnis zur Sowjetunion ist von EH und GM unvermindert schlecht, heuchlerisch und demagogisch.«

Gorbatschow schmeckte dem Statsratsvorsitzenden und Generalsekretär Honecker gar nicht – nicht nach Promille und nicht nach Profil. Im Oktober 1986 schritt Genosse Erich durch die Gänge und Säle des Kreml und schwärmte voller Fingerspitzengefühl: »Ich kann mich noch sehr genau

erinnern, wie wir hier im Dezember 1949 den 70. Geburtstag von Josef Wissarionowitsch Stalin gefeiert haben!« Na sdarowje!
UdSSR-Botschafter Pjotr Abrassimow, der sich von Honeckers Großmannssucht nicht beeindrucken ließ, landete im Frühjahr 1983 einen bemerkenswerten Fauxpas. Zum Abschluß von Honeckers obligatem Messerundgang betrat der Staatsratsvorsitzende den sowjetischen Ausstellungspavillon und traute seinen Ohren nicht. Die DDR-Nationalhymne, deren Text seit Ende der 60er Jahre verschwiegen wurde, erklang – als Chorgesang aus der Konserve. »Laß uns dir zum Guten dienen, Deutschland, einig Vaterland!« Na sdarowje!
Höhepunkt der brüderlichen Beziehungen zum »großen Bruder« war 1988 das Verbot der Zeitschrift »Sputnik« durch Honecker, dem »Glasnost« und »Perestroika« ein Greuel waren. Der DDR-Volksmund spitzte sich darauf und pfiff ein fiktives Telegramm aus dem Kreml an Honecker: »Sputnik-Verbot zur Kenntnis genommen + stop + erdöl stop + !«

Fachmännisch

Günter Mittag besichtigt eine vorbildliche Molkerei. Eine ältere dralle Melkerin drängt sich zu ihm vor und berichtet voller Stolz vom steigenden Fettgehalt der Milch.
Sie ergänzt: »Und seit einer Woche, Genosse Mittag, haben wir keine Pilze mehr!«
Der Wirtschaftsexperte klopft ihr beruhigend auf die Schulter: »Kopf hoch, Genossin, ich werde euch welche besorgen lassen.«

Den Anweisungen der Volkspolizei ist Folge zu leisten.

5.6.1972: Genosse E. H. mit Andrej Gromyko*

* *Mitglied des ZK der KPdSU und Minister für Auswärtige Angelegenheiten der UdSSR*

DDR-Spezialitäten-Lexikon I

Mokka-Fix Gold

In westeuropäischen Überseehäfen zusammengekehrtes pulverförmiges Gemisch, das als Aufgußgetränk unter der Bezeichnung »Kaffee« in Kaufhallen vertrieben wird.

Ungarische Salami

Kein Lebensmittel, sondern Überlebensmittel.
Beliebt als Gegenwert für Trabant-Ersatzteile und Handwerkerleistungen.

Apfelsine

Kalenderfrucht.
Ihr Auftauchen im DDR-Handel weist aus:
In vierzehn Tagen ist Weihnachten.

Buna-Bälle

Tennisballförmige Nebenprodukte heimischer Chemieindustrie.
Hauptsächlich in Gaststätten der Preisstufe II als »Hausmacher-Kartoffelklöße« angeboten.

Koche mit Liebe – würze mit BINO!

... EINEN KIRSCHBAUM

Es war einmal ein Kaiser von China. Der liebte Goldfische über alles. In seinem Schloßteich wimmelte es nur so von rötlich-gelblich glitzerndem Getier. Ein Wärter wartete den Schwarm nach bestem Wissen und Gewissen. Verendete ein Goldfisch und trat deshalb bei der Fischzählung ein Manko auf, mußte auch der jeweilige Fischpfleger dran glauben. So ging das jahrzehntelang, bis ein gewitzter junger Chinese die gestorbenen Tiere immer wieder rasch durch neue ersetzte. So stimmte die Bilanz ...
Am Abend des 22. Mai 1986 besuchte Erich Honecker nach einer Stippvisite bei »Robotron« in Sömmerda die Obstbauern der Gierstädter LPG bei Erfurt. Vor deftigem Abendessen und Obstler kam der Höhepunkt: Honecker pflanzte eigenhändig vor dem Klubhaus einen Kirschbaum der DDR-Sorte »Pinowa«, einer Spitzenzüchtung des Pillnitzer Obstbau-Instituts.

Acht Wochen lang war der ungezwungene Abend vorbereitet worden, das Klubhauspersonal durchgecheckt, die bekennende Christin Sabine P. beurlaubt, andere Dorfbewohner zwangseingeladen. Kellner aus umliegenden Gästehäusern der Regierung eilten herbei, »Sternburger Pils«, den Ureinwohnern von alten Fotos bekannt, wurde angeliefert.

Honecker ante portas! Straßenlöcher wurden zugegossen, Bürgersteige ausgebessert, Fassaden übergestrichen, Ruinen beseitigt oder mit Fahnen verhängt, Parkplätze (!) betoniert. Gierig blickten Nachbargemeinde-Bürgermeister nach Gierstädt. Warum nicht sie!? Warum die!? Die »Pinowa-Kirsche« gedieh und gedieh und wurde doch nicht höher. Eine Laune der Natur? Erst nach der Wende gestand der Bürgermeister öffentlich, daß die »Honecker-Kirsche« immer wieder von Frevlerhand abgebrochen und fünf- bis sechsmal ersetzt worden war. Und dabei war keiner der Gierstädter jemals in China gewesen ...

Paradiesisch

Der Staatsbürgerkundelehrer fragt: »Was gab es vor dem Sozialismus?« – Stefan: »Mein Vater sagt: alles!«

☛☛ Warnung

Die Fleischersfrau aus Potsdam zu ihrem Mann, dem Fleischermeister, der gerade den Bulettenteig knetet: »Mensch, Eberhard, wenn det rauskommt, wat da rinkommt, kommste wo rin, wo de nich mehr rauskommst!«

Fachmännisch

Erich Honecker besucht mit dem Politbüro eine LPG. Der aufgeregte Genossenschaftsvorsitzende führt den Staatsratsvorsitzenden über den Acker. Honecker betrachtet die Ähren und sagt: »Der Weizen steht gut, Genosse!« Vorsichtig korrigiert der Bauer: »Genosse Honecker, das ist Gerste.« »Na wenn schon«, antwortet Honecker, »Hackfrucht bleibt Hackfrucht!«

... EINEN ALLTAG

Meist stand Honecker kurz nach sechs Uhr morgens auf. Bedienstete der Waldsiedlung hatten das Frühstück vorbereitet, frische Brötchen herbeigeschafft, Kaffee bereitgestellt. Ein bis zwei Brötchen mit Butter und Honig. Außerdem jeden Morgen einen Schluck frisch ausgepreßten Zitronensaft.

Dreimal wöchentlich brach der Staatsratsvorsitzende um halb acht Uhr im Wandlitzer Ghetto auf und war nach rasanter Fahrt über abgesperrte Straßen zwanzig Minuten später an seinem Arbeitsplatz.

Adelhard W., 36 Jahre lang Honeckers Leibwächter, Fahrer und Jagdhelfer, gab zu Protokoll:
»Montags, mittwochs und freitags ließ sich Honecker zu Hause in Wandlitz massieren. Seine Frau Margot war dann schon lange aus dem Haus. Seine Lieblingsmasseuse war Erika St. Die beiden haben danach immer zusammen gefrühstückt, während wir mit dem Wagen draußen warteten.«
Im Büro war bereits von Elli K., seit 1956 Sekretärin in Honeckers engstem Dunstkreis, die Post vorsortiert. Das Wichtigste lag oben. Briefe von Mittag oder Schalck-Golodkowski wurden ohne Bedenken mit »Einverstanden E.H.« und Datum an der oberen rechten Ecke abgezeichnet.
Die Politbürositzungen – jeden Dienstag – waren vom Büro des Politbüros vorbereitet. Die Vorlagen umfaßten stets nur wenige Seiten. Danach gab es regelmäßig ein – wie Honecker meinte – Vier-Augen-Gespräch mit Stasi-Minister Mielke, in dem es nach späteren Aussagen Honeckers um nichts Geringeres ging als »um Fragen des Standes der Kriegsvorbereitungen der kapitalistischen Länder gegen die sozialistischen, ... um die Zielstellungen der kapitalistischen, die Staaten Osteuropas, die sozialistischen Staaten, zu unterminieren«. Das machte Hunger!
Elli K. berichtete freimütig: »Viele Entscheidungen wurden auch auf informellem Wege beim Mittagsessen des Herrn Honecker getroffen. Im 7. Stock des ZK-Gebäudes gab es einen besonderen Speisesaal, der an sich für die höheren Mitarbeiter des ZK reserviert war (Abteilungsleiter, stellvertretende Abteilungsleiter, Sektorenleiter, Mitglieder des ZK der SED, hohe Mitarbeiter des Staatsapparates, z. B. Minister und Stellvertreter der Minister, Staatssekretäre). Schon im Vorfeld der Mittagszeit gab es viele Anrufe, ob Herr Honecker Mittag essen würde. Zu diesen Anrufern gehörte z. B. Joachim Herrmann oder Günther Schabowski. Ich hatte den Eindruck, daß bei diesen Mittagsgesprächen sehr viele Entscheidungen gefallen sind, z. B. war es oft so, daß Herr Honecker im Anschluß an das Mittagessen im Hin-

blick auf irgendwelche Entscheidungsvorlagen sagte: ›Dies habe ich schon besprochen.‹ Dies wird auch der Grund gewesen sein, warum viele Mitarbeiter darauf Wert gelegt haben, möglichst an dieser Mittagstafel mit Herrn Honecker teilzunehmen. Sie waren sodann besser informiert als Personen, die abwesend blieben. Zuweilen war es auch so, daß Herr Honecker andere Personen (insbesondere Joachim Herrmann) fragte, ob sie zum Mittagessen gehen würden.«

So schnitt denn der nimmermüde Staatschef in der ZK-Kantine nicht nur sein geliebtes Kaßler mit Sauerkohl, Grillwurst mit Kartoffelpüree oder Gulaschnudeln mit scharfem Messer und scharfem Geist an, sondern auch Probleme des Weltfriedens.

Einmal im Monat gab's Geld. Elli K.: *»Das Gehalt von Erich Honeckers, monatlich bis 7000,– Mark, wurde in mein Büro gebracht und zwar in bar. Davon zog ich automatisch seine Beiträge für die Partei, FDGB sowie Solidaritätsgeld ab. Weiterhin entnahm ich mir eine entsprechende Summe für seine persönlichen Ausgaben, die er so monatlich hatte.«*

Gegen fünf Uhr – wenn nicht noch ein Empfang anstand – gings heim ins Haus Nummer 11, nach Wandlitz – oder in die Schorfheide, wo er sich mit Kampf- und Jagdgenossen

 Mittag den Bürofrust vom Leibe schoß. Vom Bücherlesen

hielt Honecker nicht viel. Theater und Konzerte besuchte er nur von amtswegen. In früheren Jahren spielte Honecker auch öfter Skat mit Freunden aus den Gründerjahren der DDR. Mitspieler waren u. a. der ehemalige Mithäftling im Zuchthaus Brandenburg, Robert Menzel, oder Heinz Keßler.

♥♥ Freundschaftsgeschenke

Breschnew will sich mit dem südlichen Nachbarn aussöhnen. In einem Spitzengespräch verspricht er, die Wirtschaftslieferungen nach China auszuweiten.
Man solle die Wünsche nur nennen.
Der chinesische Kollege zählt auf: »10000 Lastkraftwagen, 300000 Fahrräder, 500000 Staubsauger und 1 Million Doppelzentner Reis ...«
Da unterbricht Breschnew: »Reis ist gestrichen. Der wächst in der DDR nicht.«

Gemüse der Saison

Ein Bürger fragte im Gesundheitsministerium an, welche Gemüsesorten er für eine gesunde Lebensweise bevorzugen solle.
Die Antwort ließ lange auf sich warten, doch sie kam.
»Ihre Frage ist nicht einfach zu beantworten. Im vergangenen Jahr beispielsweise war Porree sehr bekömmlich. In diesem Jahr sollten Sie Rotkohl bevorzugen. Für das nächste Jahr haben wir die Forschungen noch nicht abgeschlossen. Von Spargel raten wir generell ab.«

... EINE WALDSIEDLUNG

Opulente Festessen bei Staatsempfängen waren für Wandlitzer Waldsiedler nichts besonderes. Die Politbürokratie kaufte vornehmlich im Koko-Supermarkt. Ehrliche Preise! Spanische Spargelspitzen, frische Italo-Erdbeeren all the time, holländische Tomaten, ungarische Salami, marokkanische Clementinen, französische Kosmetika, Original Lewis, CD's von Arrrrrrrioala! Es lebe der proletarische Internationalismus! Jedem nach seinen Bedürfnissen! Ja, in Wandlitz war man auf dem Weg zum Sieg des Kapitalismus der Zeit schon um einen gewaltigen konsum-historischen Schritt voraus!

 Erich Mielke selbst wachte gestrengen Auges über den Fort-

gang des opferreichen Wandlitzer Selbstversuchs und befahl am 9. Oktober 1984 dem Chef des Personenschutzes:
»... hat sich der Leiter der Hauptabteilung PS auf die Lösung folgender grundsätzlicher Aufgaben zu konzentrieren: Gewährleistung einer optimalen und niveauvollen Betreuung und Versorgung der führenden Repräsentanten, einer allseitigen hygienischen und antiepidemischen Absicherung der Arbeits-, Wohn und Freizeitobjekte ...«
Wenige Monate später meldete der für die Waldsiedlung und deren 650 Stasi-Tschekisten zuständige Oberstleutnant:
»Im Berichtszeitraum konnte die gesamte Versorgung der führenden Repräsentanten durchgängig und in guter Qualität gewährleistet werden. Im Bereich Nahrungs- und Genußmittel wurden die Angebotssortimente aus Vertragswaren des Binnenhandels bzw. aus Importen abgesichert. Zusätzliche Beschaffungen von bestimmten Waren, besonders Obst und Gemüse, geräuchertem Aal und Lachs, sowie der verschiedensten Waren aus individuellen Wünschen der Kunden wurden kurzfristig über die Außenhandelsbetriebe realisiert.«
Bekleidungsstücke aus volkseigener Produktion mußten, so der Bericht, »zu 95 Prozent wieder an andere Handelspartner abgegeben« werden. *»Die Verarbeitung dieser Textilien entspricht vielfältig nicht den Wünschen unserer Kunden. Das Sortiment der Kinderbekleidung mußte über Importe erweitert werden, da die Angebote des Binnenhandels bei T-Shirts, Nickys, Blusen, Hemden, Sportbekleidung und Turnschuhen nicht den Wünschen entsprechen.«* Und damit nicht genug! *»Die uns gelieferten Kleider aus Österreich und vom VEB Plauener Spitze werden an Exquisit umgeleitet, da sie für unsere Kunden nicht geeignet sind.«*
Und wer sollte das bezahlen, wer hatte soviel Geld?
»Weiterhin wurde vereinbart, daß der Genosse Seidel (Stellvertreter Schalck-Golodkowskis) uns noch am 3.8.1979 0,5 Millionen DM zu den bereits in diesem Jahr erhaltenen 1,0 Millionen DM auf unser Konto überweist.«
Von 1980 bis zur Wende verpulverten knapp zwei Dutzend Familien auf der Insel der Alpträume bei Wandlitz eine Summe von 62405738 DM und 13 Pfennige.

... EINE MORAL

Ehefrau Margot war nur selten an Honeckers Seite, wenn er zum Festessen einlud. Oft betreute die Ehefrau des DDR-Außenministers, Margrit Fischer, die Gattinnen hoher Staatsgäste beim »Damenprogramm«. Sie fungierte bei solchen Gelegenheiten auch als Sekretärin in Honeckers Staatsratsbüro.

Honeckers Typ waren blonde Frauen. Ob bei Begrüßungen in VEB, LPG, GPG, bei Sportfesten, Weihungen und Einweihungen, Ordensverleihungen oder auf Parteitagen – »bis zum Horizont war alles blond!«, zumindest bei den »Blumenmädchen«. »Das schönste Gesicht des Sozialismus« aber entdeckte auch Erich Honecker an der Eisprinzessin Katarina Witt, nachdem sie bei den Olympischen Winterspielen

 von Calgary 1988 die Goldmedaille im Eiskunstlauf erkämpft

hatte. Kati-Fan Honecker ließ ihr Bild auf der Titelseite des ND abdrucken – 12,7 Zentimeter breit und 28 Zentimeter hoch.

Honecker und die Frauen

Im März 1945 hatte er – als Brandenburg-Häftling abkommandiert – im Berliner Frauengefängnis Barnimstraße die Aufseherin Lotte Grund kennengelernt. Zu ihr zog er im Mai 1945 nach Kriegsende, heiratete sie und lebte mit ihr bis zu deren Tod zusammen. Familiär stand Lotte Grund den Zeugen Jehovas nahe, was sie in späteren Lebensläufen und in Honeckers Erinnerungen »Aus meinem Leben« zur Unperson werden ließ.

Standesgemäßer war Honeckers zweite Ehe, die er im Dezember 1949 mit der drei Jahre älteren Edith Baumann schloß, einer Spitzenfunktionärin der SED. Sie hielt Fürsprache für Honecker, bahnte ihm den Weg ins Zentrum der Macht – das Politbüro – und war ihn los ... Der FDJ-Chef hatte sich längst nach etwas jüngerem umgesehen und so manchen Pioniernachmittag und -abend mit Margot Feist verbracht, der 15 Jahre jüngeren Vorsitzenden aller Halstuchträger. Sekretärin Elli K., ausnahmsweise schwarzhaarig, begleitete den Ersten Sekretär dreiunddreißig Jahre lang auf fast allen Auslandsreisen, sie wählte seine Anzüge aus, nächtigte im Nebenzimmer.

Äußerst »korrekt« gab es für Elli auch regelmäßig Verdienstmedaillen der DDR, »Banner der Arbeit«, Vaterländische Verdienstorden und ähnliches aus dem höchsten Klempnerladen.

Honeckers-Lieblingsmasseuse Erika St. wurde für ihre Lockerungsübungen und Handgriffe vom Staatschef Mitte der siebziger Jahre mit einer komfortablen Finnhütte am Libbesicker See belohnt. »Ich und auch meine Familie hatten ein freundschaftliches Verhältnis zur Familie Honecker. Wir waren für ihn so eine Art Ersatzfamilie, dies hängt auch mit dem beruflichen Einsatz seiner Frau zusammen.« Ein-

sam war der Generalsekretär, von Frau und Hund »Klecksi« verlassen. Dankbar für jede Freundschaftsbezeugung. »Später bekam ich einen Fernseher, Plattenspieler und Videorecorder geschenkt«, verriet Frau St. nach der Wende den verhörenden Kriminalbeamten. Die zahlreichen Videokassetten, einen Schmalfilmprojektor sowie Schmalfilme – wahrscheinlich zur beruflichen Qualifikation in Massagetechniken – verschwieg sie auch nicht.

Mißwahlen in der DDR

Bei der ersten und einzigen geheimen Mißwahl gibt es drei Preisträgerinnen:

Miß Bildung,
Frau Honecker,

Miß Wirtschaft,
Frau Mittag,
und

Miß Trauen,
Frau Mielke.

DDR-Spezialitäten-Lexikon II

Einheitssoße
Aus dem RGW (s.d.) Verbundnetz abgezapfte bräunliche Flüssigkeit, mit der per Tankwagen vornehmlich Betriebskantinen, Mitropagaststätten und Schulküchen beliefert werden.

Tote Oma
Häufig unter der Bezeichnung »Frische Blutwurst« in Speisesälen der Nationalen Volksarmee verabreichtes Gericht, dessen Bestandteile bis heute unerforscht blieben.

Wernesgrüner Pilsner
Sagenhafte vogtländische Biersorte mit Ufo-Effekt, die man nur vom Hörensagen kannte. Jeder wußte, was es ist, keiner bekam es zu Gesicht.

Konsum
Handelskette; Motto: Kauft Ohne Nachzudenken Schneller Unsern Mist.

HO
Staatliche Handelsorganisation;
Frage:
Was hat der HO-Verkaufsstellenleiter mit einem Astronauten gemeinsam?
Antwort:
Beide kennen sich aus im leeren Raum.

Zerstreutheit

Ein Professor steht mit einem leeren Netz in der Hand vor der HO-Kaufhalle und sinniert: »War ich nun schon drinnen – oder nicht?«

... EINE EHEFRAU

Margot Feist aus Halle war Telefonistin von Beruf, mit 22 Vorsitzende der Pionierorganisation »Ernst Thälmann«, der treuen Schwester der FDJ. Und so wurde sie treue Geliebte des FDJ-Chefs Honecker, dann dessen Gattin und folgerichtig 1963 Ministerin für Volksbildung. Damit und dank der Wende, die neue Rekorde dieserart unmöglich machte, gehört sie als amtsälteste Ministerin der DDR ins Guinnessbuch.

Werner Krolikowski, der schonungslos mit seinem Politbürochef ins Gericht ging – wenigstens in geheimen Aufzeichnungen – urteilte hart: »Er hat kein normales Familienleben. Er kennt es überhaupt nicht.«

Skatkumpel Robert M. hingegen hat nichts gemerkt: »Erich Honecker und Margot Honecker haben zusammen ein Kind. ... Seine Familienverhältnisse sind in Ordnung ... Ich habe den Eindruck, daß Erich Honecker seine Frau liebt, und sie ein wunderbares Familienleben führen.«

Beide irren. Es gab durchaus ein normales Familienleben. Ob es allerdings ein wunderbares war ...?

»Immer wenn Margot sauer auf ihn war, hat sie ihn als ›Trottel‹ bezeichnet. Es störte sie auch nie, wenn es andere mitbekamen«, sagt »Schatten« Adelhard, und der muß es ja wissen. Zankapfel war oft der Hund »Klecksi«, der häufig ebensolche ungeniert auf den Teppich setzte. Und das soll keine Ehe gewesen sein? Franz Jahsnowski, Protokollchef Honeckers:

»Er war sich seiner Macht absolut bewußt. Allen Ernstes war er davon überzeugt, daß alle ihn liebten. Angst vor Attentaten hatte er nicht, fürchtete auch nicht, vergiftet zu werden: Er war einer der wenigen, die ohne Vorkoster reisten. Allerdings aß er prinzipiell nichts, was aus dem Wald und aus dem Wasser kam: keinen Fisch, kein Wild. Sein Lieblingsgericht war Kaßler.«

Honecker liebte also bürgerliche deutsche Küche. Was kochte die liebende Ehefrau? Sie gab ihm Pfeffer und setzte ihm am liebsten gefüllte Paprikaschoten vor! Die verabscheute Erich genauso wie dieses ganze ungarische Wirtschaftssystem. Szenen einer Ehe.

… EINEN JAGDTRIEB

Kampfgenossen – Jagdgenossen. Mit Honecker auf der Pirsch waren Breschnew und Ceausescu, Mielke und Mittag, aber auch der einstige Krupp-Chef Berthold Beitz.

Nach Honeckers Verhaftung im Herbst 1989 beschlagnahmten die Ermittler 62 Waffen aus dessen Privatbesitz im Gesamtwert von 93870 Mark. Das Jagdrevier in der märkischen Schorfheide war 20700 Hektar groß und völlig umzäunt. Man schoß auf alles, was sich bewegte.

Leibwächter und Jagdhelfer W. im Februar 1990: »In den letzten Jahren wurde es immer schlimmer mit Honecker und Mittag auf der Jagd. In der Brunft der Hirsche zogen sie jeden Tag los, erlegten mindestens zehn Stück Wild an einem Tag.«

Förster Walter R. sagte aus: *»Erich Honecker benutzte immer einen Rangerover, zuletzt mit hydraulischem Hubdach … Entsprechend der Situation schoß Erich Honecker aus dem Fahrzeug, beziehungsweise er begab sich zu Fuß an den günstigsten Schußplatz …*

Es kam auch vor, daß er Schwarzwild direkt an der Futterstelle schoß.« Den Rekord erreichten Mittag und Honecker mit 27 erlegten Tieren während eines Ausflugs.

Die Fahrzeuge waren mit starken Scheinwerfern ausgerüstet, mit einer Reichweite bis zu hundert Meter. In deren Lichtkegel schossen dann die Genossen gezielt auf die geblendeten Tiere.

An waidgerechter Jagd hatten die passionierten Abschießer wenig Interesse. *»Nach dem Abschuß haben sich die Schützen meistens das Wild nicht mal angesehen, sondern es ging gleich weiter zum nächsten Abschuß ... Zur Situation in meinem Jagdgebiet – Nossentiner Hütte – kann ich noch sagen, daß es auch einen gewissen Neid unter den drei Funktionären Erich Honecker, Günter Mittag und Erich Mielke gab. Es war eine stille Vereinbarung, daß Erich Honecker immer die meisten und besten Abschüsse haben mußte. Darüber wurde sich auch über Funk verständigt. Wenn Günter Mittag z.B. mehr Hirsche hatte wie Erich Honecker, wurden für Erich Honecker weitere Hirsche gesucht ... Wenn es mal nicht klappte, merkte man dies dem Erich Honecker auch an der Laune an«*, gab Roland W. am 6. Dezember 1989 zu Protokoll. Die Mitarbeiter des Personenschutzes schwärmten nach dem »Schützen-

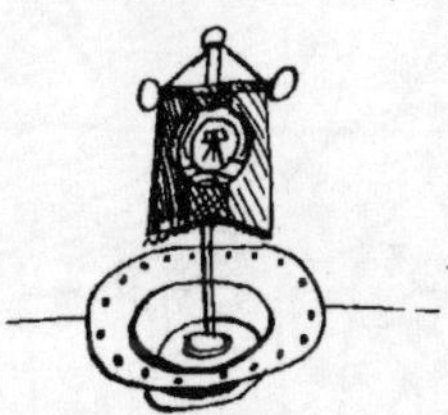

fest« mit Fahrzeugen und Hängern aus, brachen das Wild auf. *»Es ging meist zu wie auf dem Schlachthof.«*

Personenschützer W. trug einen bleibenden Schaden davon – einen Gehörschaden. *»Wenn Honecker auf der Pirsch war, kein Baum in der Nähe, dann legte er den Lauf seiner Büchse auf meine linke Schulter und drückte ab ... Ich bekam schließlich einen Gehör-*

sturz, hörte nur noch zu 65 Prozent auf diesem Ohr. Erich Honecker hat mir einen Hörapparat kommen lassen.« Aus dem Westen natürlich.

In jedem Jagdrevier gab es ein prächtiges Jagdhaus. Ermittler Ralf R. fand im Jagdhaus »Wildfang« lediglich fünf Gegenstände aus DDR-Produktion vor: Kinderbücher! Am 22. Oktober 1989 ging Honecker zum letzten Mal in der Schorfheide auf die Jagd. Da war die Flinte schon im Korn. Personenschützer W.: *»Er wirkte geistesabwesend, sagte: ›Ich werde Wildfang behalten.‹ Nur die Jagd schien ihm noch wichtig.«*

Da war das Halali schon für immer verklungen ...

Das schmeckt uns . . .

Angebot und Nachfrage

Eine Frau betritt den Laden und bittet die Verkäuferin wie selbstverständlich um ein Kilo Apfelsinen.

Mit offenem Mund staunt diese die Kundin an. Nachdem sie sich erholt hat, teilt sie bedauernd mit:

»Das tut mir leid, bei uns gibts keine Blumen. Kein frisches Obst gibts auf der anderen Straßenseite.«

Teile und herrsche

»Wie wird die DDR-Gesellschaft eingeteilt?«

»In Klassen und Schichten.«

»Falsch: In Shopper, Exer und Flitzer!«

»Was sind Flitzer?«

»Die hetzen von einer HO zum anderen Konsum, um etwas Brauchbares zu erwischen.«

Teure Genossen

Der Lehrer fragt im Staatsbürgerkundeunterricht: »Wer kann denn sagen, was SED bedeutet?« Martin meldet sich. »Die SED ist uns teuer, sagt mein Papa immer.«

Der Lehrer lobt: »Da hat dein Papa ganz recht. Und weshalb? Weißt du das auch?« – »Weil in Shop, Exquisit und Delikat Wucherpreise genommen werden!«

...und unseren Gästen!

... bla blabla bla deuschedemokrasche republablablabla blabla deuschedemokrasche republabla!
jetzt: stürmischer Beifall
Wo habe ich die Rede bloß schon 'mal gehalten???
Asbach uralt!
ALSO: Breschnew und Reagan treffen sich in der ...
Hihi der wird gut – einer ohne mich

ADN-ZB/Mittelstädt/2.10.84/kb/Berlin: Treffen/Der Generalsekretär des ZK der SED und Vorsitzende des Staatsrates der DDR, Erich Honecker, ist mit verdienstvollen Genossen und Freunden zusammengetroffen, die aktiv an der Gründung und am Aufbau der DDR beteiligt waren. An dem freundschaftlichen Beisammensein aus Anlaß des 35. Jahrestages der Gründung der DDR nahmen weitere Mitglieder der Partei- und Staatsführung teil. - 1984/1002/20 N -

... EIN WESTGELDKONTO

Gesund war, was im Handel angeboten werden konnte. In Zeiten einer Rotkohlschwemme oder eines Möhren-»Berges« wurden genau diese Gemüsearten in allen Medien als dem menschlichen Körper besonders zuträglich dargestellt. Der Volksmund ventilierte den Frust im Volkswitz.

Die 3-B-Margarine zum Braten – Backen – Bohnern (!) und der Bananen-Automat, der für zwei hineingesteckte Bananen fünf Mark herauswarf, wurden zu DDR-Kalauern.

Kennen Sie den? Margot und Erich fahren heimlich an die Ostsee. Margot geht in die Konsum-Kaufhalle einkaufen – halt! Das ist noch nicht der Witz! –, sie geht also einkaufen und kommt empört wieder. »Stell dir vor, Erich, die haben keine Bananen!« Honecker haut auf den Tisch: »Kaum bin ich mal einen Tag nicht in Berlin, schon klappt die Versorgung nicht mehr!«

Mielke wußte mehr. »Streng geheim« steht über einem Bericht des Stasi-Ministeriums vom September 1989, der einen »Hinweis auf wesentliche motivbildende Faktoren im

Zusammenhang mit Anträgen auf ständige Ausreise« aus der DDR gibt:
»Den größten Umfang im Motivationsgefüge nimmt die Kritik an der Versorgung der Bevölkerung ein. Auf Unverständnis stoßen vor allem anhaltende Mängel bei der kontinuierlichen Versorgung mit hochwertigen Konsumgütern. Darin einbezogen sind die Warenstreuung, der Frischheitsgrad der Lebensmittel, Versorgungslücken, das fehlende durchgängige Angebot bis Ladenschluß und die damit im Zusammenhang stehenden Transportprobleme.«
Auf seinem Westgeld-Konto (Nr. 0628) bei der Deutschen Handelsbank lagen für Honecker zu jeder Zeit mindestens 100 Millionen DM bereit. Damit stopfte der Staatschef ab und an großzügig die genannten Versorgungslücken. Stolz informierte Honecker in einem verschlüsselten Fernschreiben in der Adventszeit 1988 seine SED-Sekretäre, daß ab 28. November *»der Verkauf der Apfelsinen in allen Bezirken und Kreisen beginnt. Insgesamt stehen 84500 Tonnen aus Importen aus Kuba und kapitalistischen Ländern zur Verfügung ... Der Verkauf wird so gelenkt werden, daß die Vorräte bis zum 24. Dezember zur Verfügung stehen.«*
Ein anderes Mal ließ er für eine Million DM in der BRD Damenunterwäsche für die werktätigen Frauen der Republik kaufen. Erich Mielke hatte ihn übrigens auf diesen Engpaß

hingewiesen. Westschlüpfer in der HO. Welch ein Triumph! Möglicherweise war es ein Re-Import, denn vom Sakko bis zur Polstergarnitur, vom Staubsauger bis zum Kaffeetopf fand man in Katalogen westlicher Versandhäuser DDR-Produkte. Fleischgroßhändler aus Bayern bedienten sich in Ostschlachthöfen. Warenhausketten kauften in Aalräuchereien und Zylinderhutfabriken des sozialistischen Nachbarn ...

Bescheidenheit

Frage:
»Worin unterscheiden sich Pieck, Ulbricht und Honecker?«
Antwort:
»In ihrer Genügsamkeit. Wilhelm Pieck wollte den Sozialismus noch für die ganze DDR. Ulbricht beschränkte sich in dieser Absicht auf Berlin. Honecker aber gelang, ihn wenigstens im Ortsteil Wandlitz-Waldsiedlung zu verwirklichen.
Jedem nach
seinen Bedürfnissen.«

23.6.1984: E. H. mit Todor Shiwkow*

* *Generalsekretär des ZK der Bulgarischen Kommunistischen Partei und Vorsitzender des Staatsrates der VR Bulgarien*

... EINE HENKERSMAHLZEIT

Am Abend des 40. Jahrestages der DDR, am 7. Oktobver 1989, sonnte sich Honecker zum letzten Mal im Flutlicht der Scheinwerfer und im Beifall der Ehrengäste. Serviert wurden im Palast der Republik zum letzten Staatsempfang Zuchtwachtelbrüstchen, Forellenröllchen, Filets, Hühnermedaillons und das Dessert »SURPRISE«! Als Geburtstagsüberraschung hatten sich Gratulanten am Spreeufer eingefunden. Sie riefen nicht *»Guten Appetit!«*, sie riefen *»Wir sind das Volk!«*

Drinnen kaute man weiter. Michael Gorbatschow blieb das Forellenröllchen beinahe im Halse stecken. In einem »Streng-geheim«-Protokoll gesteht er Egon Krenz, das schwierigste am 40. Jahrestag der DDR sei für ihn gewesen, daß er diese Stimmung spürte und sich an der Seite Erich Honeckers dabei »sehr unwohl gefühlt habe«. Auch Honecker verzichtete mit seismografischem Gespür auf die vorbereitete Rede und auf die Sätze: *»... Jene im Westen, die den Sozialismus für gescheitert erklären, befinden sich auf dem Holzweg ... Die DDR ist der Zukunft zugewandt. Ihre Politik der Kontinuität und der Erneuerung schließt auch weiterhin Veränderungen ein.«*

Der Staatsratsvorsitzende ließ das Manuskript in der Tasche, dankte fürs Kommen, hob sein Glas ...
Protokollchef Franz Jashnowski: *»Bei Honecker war alles nur Theater, sein ewiges maskenhaftes Lächeln, die Bruderküsse, die hohle Phrase. In Wahrheit war er überheblich und arrogant. Er sah und begriff nicht, daß der Sozialismus und mit ihm die DDR am Ende waren. Der Empfang zum 40. Jahrestag war gespenstisch: Honecker redete, feierte, strahlte ...«*
... und kurz darauf war die ganze Sache schon gegessen.
Vergessen?

FESTEMPFANG

zum
40. Jahrestag der Gründung
der Deutschen Demokratischen Republik

Festliches Programm

Palast der Republik, Berlin

Heroischer Marsch D-Dur

für Blechbläser, Pauke und Orgel
Georg Philipp Telemann

Blechbläserensemble
Ludwig Güttler, Dresden

Eingangschor

„Auf, schmetternde Töne der muntern Trompeten"

Schlußchor

„Friede sei im Lande"
aus der Kantate 207 a
Johann Sebastian Bach

Ludwig Güttler
Thomanerchor Leipzig
Leitung: Prof. Hans-Joachim Rotzsch

Va tacito e nascosto

Arie des Julius Caesar
aus der Oper „Julius Caesar in Ägypten"
HWV 17
Georg Friedrich Händel

Jochen Kowalski
Christian-Friedrich Dallmann, Horn

Polonaise

aus dem Ballett „Schwanensee"
Pjotr Tschaikowski
Choreographie: Egon Bischoff

Uwe Arnold
Ballett der Deutschen Staatsoper Berlin

„Wach auf"

Chor und Ansprache des Hans Sachs

„Verachtet mir die Meister nicht"

aus der Oper „Die Meistersinger von Nürnberg"
Richard Wagner

Theo Adam
Chor der Deutschen Staatsoper Berlin

Romanze

für Violine und Orchester
F-Dur op. 50
Ludwig van Beethoven

Antje Weithaas

Auf Flügeln des Gesanges

Text: Heinrich Heine
Musik: Felix Mendelssohn Bartholdy

Der Musensohn

Text: Johann Wolfgang von Goethe
Musik: Franz Schubert

Peter Schreier
Walter Olbertz, Klavier

Ouvertüre

zur Oper „Wilhelm Tell"
Gioacchino Rossini

Berliner Sinfonieorchester

PROGRAMM

ZUM FESTEMPFANG AUS ANLASS DES 40. JAHRESTAGES
DER DEUTSCHEN DEMOKRATISCHEN REPUBLIK
IM PALAST DER REPUBLIK

BERLIN, 7. OKTOBER 1989

19.00 Uhr *„Clownerien"*
mit Thomas Natschinski
Caspar Hansmann
Studenten der Staatlichen Fachschule für Artistik

20.00 Uhr *„Träumereien"*
mit Günther Fischer und Band
Anett Kölpin

21.00 Uhr *„Begegnungen"*
mit Arnold Fritzsch
Ines Paulke
Jochen Kowalski

4

FOYER DER 4. ETAGE

„Schlager auf Schlager"

Zu Tanz und Unterhaltung laden ein: das Tanzorchester Lothar Stuckart und die Tele-Band Berlin.

Das Programm bietet Schlager aus vier Jahrzehnten. Exzellent Getanztes zeigen die Damen und Herren des Studioballetts Berlin.

19.00 Uhr	Heinz Quermann kramt in *„Schlager-Erinnerungen"*, assistiert von Helga Brauer, Fred Frohberg, Hartmut Eichler, Günther Gollasch sowie dem Jürgen-Erbe-Chor.
19.30 Uhr	Helga Hahnemann
20.00 Uhr	Carmen Nebel präsentiert *„Pop-aktuell"* mit Eva-Maria Pieckert, Inka, Hendrik Bruch, Ute & Jean.

5

20.30 Uhr	Frank Schöbel und Gruppe „nanu"
21.00 Uhr	Dagmar Frederic moderiert und interpretiert zusammen mit Ines Paulke und Lippi „Die großen Erfolge".

FOYER DER 5. ETAGE

„Das kleine Varieté"

Antje Garden geleitet durch einen unterhaltsamen Tanzabend mit Jazz, Showtanz, Illusion, Liedern, Travestie und getanzter Elastik. Mit dabei sind:

Hanna-Maria Fischer, die Schauspielerin Franziska Troegner, Rainer Genss und Kristina Merkel (Friedrichstadtpalast), die „Exclusiv Travestie" Kohn/Siegel, der Magier Dr. Peter Kersten, das Tanz-Trio Life, Miß Albena, das Gesangsduo Bianka und Edgar Plepp sowie der Hot String Club und die Baki Band.

6

Jetzt fliegen gleich
die Löcher aus dem Käse ...
...denn jetzt geht sie los,
uns-rää Poh-loh-neese ...
Und jetzt
alllle e e e
so'n Käse

BERLIN
FREIE FAHRT
Nr. 0964
... und tschüss

Ex
und
hopp!!
..und nun
auf die nächsten 40!!
40 was –
Stunden,
Tage??

Am Tisch 1

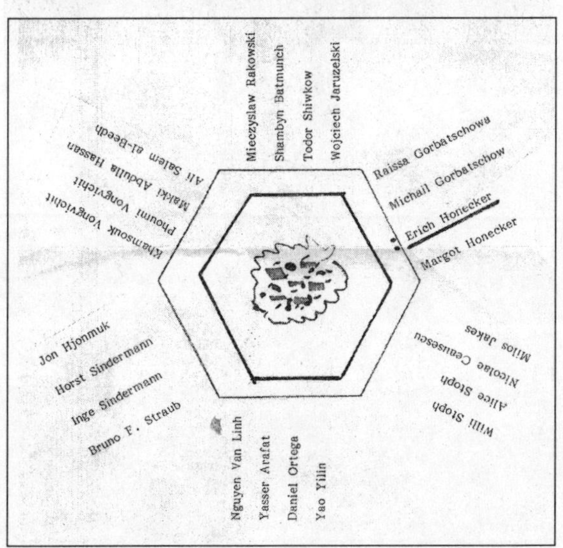
Mieczyslaw Rakowski
Shambyn Batmunch
Todor Shiwkow
Wojciech Jaruzelski
Raissa Gorbatschowa
Michail Gorbatschow
Erich Honecker
Margot Honecker
Milos Jakes
Nicolae Ceausescu
Alice Stoph
Willi Stoph
Nguyen Van Linh
Yasser Arafat
Daniel Ortega
Yao Yilin
Jon Hjonmuk
Horst Sindermann
Inge Sindermann
Bruno F. Straub
Khamsouk Vongvichit
Phoumi Vongvichit
Makki Abdulla Hassan
Ali Salem el-Beedh

Die Staatsmenüs

... am 5. Juni 1972 mit Andrej Gromyko*

Gemischte Vorspeise
Wodka, UdSSR
Schinkentütchen mit Sahnemeerrettich
Kaviar auf Sc. Remoulade
Räucheraal auf Gurke mit Olive garniert

Känguruhschwanzsuppe

Lachsschnitte mit Sc. Mousseline, Spargelspitzen, Butterreis, Salatplatte
Lindenblättriger, Ungarische VR

Fasan in Sahnensauce auf Champagnerkraut, Pommes duchesse
Beaujolais Supèrieur, 1967, Frankreich

Obstsalat mit Haselnüssen
Schloß Wackerbarth, halbtrocken, DDR

Mokka, feines Gebäck
Kognak, UdSSR

* Mitglied des ZK der KPdSU und Minister für Auswärtige Angelegenheiten der UdSSR

MENÜ 1; REZEPT AUF SEITE 78

... am 22. März 1974 mit János Kádár*

Gemischte Vorspeise
Wodka »Serschin«, DDR
Schinkentütchen mit Sahnemeerrettich

Kaviar auf Remoulade

Räucheraal auf grüner Gurke, mit Olive und Dill garniert

Spreewälder Zwiebelsuppe

Kleine Blätterteigpastete mit Zungenragout
Weißwein »Meißner Weißburgunder«, DDR

Gespicktes Rinderfilet in Rotweinsauce, Champagnerkraut, Kartoffelbällchen
Rotwein »Pinot noir«, Ungarn

Orangencreme mit Borkenschokolade
Sekt »Rotkäppchen«, DDR
Frisches Obst
Mokka, Petits fours
Weinbrand »Lafitte«

* Erster Sekretär des ZK der USAP (VR Ungarn)

MENÜ 2; REZEPT AUF SEITE 82

... am 2. April 1977 mit Fidel Castro*

Lachsvorspeise mit Kaviar und Spargel, Brot
Nordhäuser Doppelkorn, DDR

Geflügelrahmsuppe mit Curry

Pastete mit feinem Ragout

Radeberger Pilsener, DDR
»Grauer Mönch«, Weißwein, Ungarn
»Meißner Domherr«, Weißwein, DDR

Gespicktes Kalbsfricandeau in Rahmsauce, Edelgemüse, Petersilienkartoffeln
»Pinot noir«, Rotwein, Ungarn

Weingelee mit Früchten
Sekt »Rotkäppchen«, DDR

Mokka, kleine Windbeutel mit Mandelsahne
»Grande Meerane«, Weinbrand, DDR

* Erster Sekretär des ZK der Kommunistischen Partei Kubas, Vorsitzender des Staatsrats und des Ministerrats der Republik Kuba.

MENÜ 3; REZEPT AUF SEITE 86

... am 28. Mai 1977 mit Edward Gierek*

Gänseleberpastete in Madeira auf Apfelsalat
»Miramaro Bitter«, Wermut, DDR

Fischsuppe »Oderhaff«

Hühnerbrüstchen überbacken
»Meißner Weißburgunder«, DDR

Kalbsnuß, glaciert, mit Edelgemüse und Kartoffelkrusteln
»Grauer Mönch«, Weißwein, Ungarn

Nougatcreme mit Hippengebäck
»Lindenpalais«, Sekt, halbtrocken, DDR

Mokka, Schillerlocken
»Grande Reserve«, Weinbrand, DDR

»Erlauer Stierblut«, Rotwein, Ungarn
div. Biere, Juice

* Erster Sekretär des ZK der PVAP (VR Polen)

MENÜ 4; REZEPT AUF SEITE 90

... am 8. Juni 1977 mit Nicolae Ceausescu*

Geräuchertes Forellenfilet auf Apfelsalat
»Serschin-Wodka Silber«, DDR

Ochsenschwanzsuppe mit altem Weinbrand

Märkisches Zwiebelfleisch
»Meißner Weißburgunder«, DDR

Rinderbraten nach Spreewälder Art, Kartoffelbällchen
»Pinot noir«, Rotwein, Rumänien

Frische Erdbeeren mit Schlagsahne
»Schloß Wackerbarth«, Sekt, halbtrocken, DDR

Mokka, Eclair mit Vanillecreme
»Lafitte«, Weinbrand, DDR

* Generalsekretär der RKP und Präsident der Sozialistischen Republik Rumänien

MENÜ 5; REZEPT AUF SEITE
94

... am 6. September 1977 mit Dr. Urho Kekkonen*

Fruchtcocktail mit Curryrahm
»Feiner alter Korn«, DDR

Perlhuhnkraftbrühe mit Champignonnocken

Kalbsmedaillon in Artischockenboden Schaumsauce
»Targowischter Eselsmilch«, Weißwein, Bulgarien

Gefülltes Spanferkel, Weinkraut, Kartoffelbällchen
»Weißburgunder«, DDR

Rotweingelee mit Früchten und Schlagsahne
»Rotkäppchen Dessert«, Sekt, DDR

Mokka, feines Teegebäck
»Kastell«, Weinbrand, DDR

Rotwein, diverse Biere, Juice

* Präsident der Republik Finnland

MENÜ 6; REZEPT AUF SEITE
98

... am 4. Oktober 1977 mit Gustav Husak*

Wildspießchen auf Waldorfsalat
»Jägerkorn«, Feiner Weizendoppelkorn, DDR

Klare Ochsenschwanzsuppe mit Weinbrand

Gefüllte Teigtaschen mit saurem Rahm
»Debröer Lindenblatt«, Weißwein, DDR

Putenbraten »chipolata«, gebackene Kartoffeln, Kopfsalatherzen in Kräuterrahm
»Rosenthaler Kadarka«, Rotwein, Bulgarien

Geeister Fruchtsalat
»Lindenpalais«, Sekt, halbtrocken, DDR

Mokka, Baumkuchenspitzen
»Alter Weinbrand«, DDR

div. Biere, Juice

* Generalsekretär des ZK der KPČ und Präsident der ČSSR

Menü 7; Rezept auf Seite 102

... am 11. Oktober 1977 mit Oberst Yhomby-Opango*

Krebsfleischsalat »Duglareé«
»Weizen-Gold«, Doppelkorn, DDR

Hühnerkraftbrühe mit Eierstich

Geraer Saftschinken, Stangenspargel, zerlassene Butter, Petersilienkartoffeln
»Meißner Traminer«, Weißwein, DDR

Gespickte Rindshüfte, Pommes frites oder Schwenkkartoffeln, Kopfsalat »Küchenmeister Art«
»Dark Lady«, Rotwein, Zypern

Eisrolle »Tutti-frutti«
»Rotkäppchen«, Sekt, halbtrocken, DDR

Mokka, Ananasschnitte
»Alter Weinbrand«, DDR

diverse Biere, Juice

* Vorsitzender des Militärkomitees der Kongolesischen Partei der Arbeit, Präsident der Republik, Staatschef und Vorsitzender des Ministerrats der VR Kongo

Menü 8; Rezept auf Seite 106

... am 5. November 1981 mit Nasser Mohammed*

Wildspießchen auf Waldorfsalat
»Jägerkorn«, DDR

Champignonkraftbrühe mit Grießklößchen

Geschmorter Rostbraten Gemüsestreifen, Spätzle, Kräuterkartoffeln, Kopfsalat mariniert
»Grand Algérien«, Rotwein, Algerien

Altenburger Halbkugeln, Tiefgefrorenes
»Freyburg 1856«, Sekt, DDR

Mokka, Baumkuchenspitzen
»Alter Weinbrand«, DDR

Frisches Obst

* Generalsekretär des ZK der Jemenitischen Sozialistischen Partei, Vorsitzender des Präsidiums des Obersten Volksrates und Vorsitzender des Ministerrates der Volksdemokratischen Republik Jemen

Menü 9; Rezept auf Seite 110

... am 20. September 1982 mit Kaysone Phomvihane*

Gefüllte Lachstütchen auf Buttertoast
»Echter Nordhäuser«, Doppelkorn

Champignoncremesuppe

Glacierte Kalbskeule in Sahnensauce, Spargel, Butterbohnen, Zuckererbsen, Kartoffelbällchen
»Meißner Domherr«, Weißwein, DDR

Eisschale »Lukullus«
»Rotkäppchen Grand Mousseux«, Sekt, DDR

Mokka, Aprikosentörtchen
»Alter Weinbrand«, DDR

* Generalsekretär der LRVP und Vorsitzender des Ministerrats der VDRL (Laos)

Menü 10; Rezept auf Seite 112

... am 22. November 1982 mit Petar Stambolic*

Kräuterheringsröllchen auf Apfelsalat
»Jägerkorn«, DDR

Tomatensuppe »Berliner Art«

Gefüllter Jungschweinsrücken Edelgemüse, Kartoffelklöße, Petersilienkartoffeln
»Meißner Weißburgunder«, Weißwein, DDR

Eisschale »Praline«
»Freyburg 1856«, Sekt, halbtrocken, DDR

Mokka, Kirsch-Sahne-Windbeutel
»Alter Weinbrand«, DDR

* Vorsitzender des Präsidiums der Sozialistischen Föderativen Republik Jugoslawien

Menü 11; Rezept auf Seite 116

... am 8. März 1983 mit unseren Frauen*

Lachsschinkenröllchen auf Toast, Gefüllter Rehrücken auf Apfelscheibe Garnierte Edelfischpastete Salat- und Cocktailvariationen

Marinierte Champignons Meeresfruchtcocktail Kalbsfleischsalat mit feinem Gemüse, Fruchtsalat mit feinem Likör

Teigtasche mit würziger Füllung, Gebratene Entenbrust mit Sauerkirschen

Gespickte Schweinslende mit Kräuterschaumsauce Eberswalder Rostbratwurst

Krokanteisschale mit Früchten und Sahne Käsespezialitäten Kaffee, Feingebäck Hausmacherkuchen
Nordhäuser Doppelkorn, Weinbrand »Lafitte«, Cherry Brandy, Radeberger und Wernesgrüner Pilsner, Rotkäppchen-Sekt, halbtrocken, alkoholfreie Getränke, Fruchtsäfte

* Festessen zum Internationalen Frauentag

Menü 12; Rezept auf Seite 120

... am 24. Mai 1983 mit Robert Mugabe*

Saftschinkenmedaillon auf Apfelmayonnaise
»Jägerkorn«, DDR

Geflügelkraftbrühe mit Eierstich

Rostbraten »Küchenmeisterart« frischer Stangenspargel, Kräuterkartoffeln
»Seußlitzer Rotwein«, Meißen, DDR

Eisschale »Lukullus«
»Grand Mousseux«, Sekt, DDR

Mokka, Ananashörnchen
»Alter Weinbrand«, DDR

* Ministerpräsident der Republik Simbabwe und Präsident der Afrikanischen Nationalunion Simbabwe

MENÜ 13; REZEPT AUF SEITE 124

... am 23. Juni 1984 mit Todor Schiwkow*

Aperitif Veneziano

Tomate, gefüllt mit pikantem Schinkensalat, Toastecken

Oderbrucher Bauernsuppe mit Fleischklößchen

Gefülltes Schweinefilet mit Spargel, Champignons, Erbsen, Sc. bearnaise, Mandelbällchen
Matra Lindenblatt, Weißwein, Ungarn

Zitronendessert auf gedünstetem Weinapfel Erdbeermus und Sahne
»Freyburg 1856«, Sekt, muskat, halbsüß, DDR

Mokka
»Goldkrone«, Weinbrand, DDR

* Generalsekretär des ZK der Bulgarischen Kommunistischen Partei und Vorsitzender des Staatsrates der VR Bulgarien

MENÜ 14; REZEPT AUF SEITE 128

… am 4. Juli 1984 mit Andreas Papandreou*

Edellachs, Spargelspitzen, Kaviar auf Ei
»Weizen-Gold«, Doppelkorn, DDR

Rinderkraftbrühe mit Leberklößchen

Gefülltes Schweinefilet in Sahnesauce Edelgemüse, Schwenkkartoffeln
»Meißner Weißburgunder«, Weißwein, DDR

Eisschale »Praline«
»Grand Mousseux«, Sekt, halbtrocken, DDR

Mokka, Gebackener Apfel in Blätterteig
»Alter Weinbrand«, DDR

* Ministerpräsident der Griechischen Republik

MENÜ 15; REZEPT AUF SEITE 132

… am 9. Juli 1984 mit Bettino Craxi*

Putensaftschinkenröllchen auf Waldorfsalat
»Jägerkorn«, DDR

Tomatensuppe »Berliner Art«

Kaßlerrauchrücken in Madeira, Edelgemüse, Spritzkartoffeln
»Pinot noir«, Rotwein, Rumänien

Erdbeeren mit Vanilleeis, Schlagsahne
»Freyburg 1856«, Sekt, halbtrocken, DDR

Mokka, Makronenfours
»Alter Weinbrand«, DDR

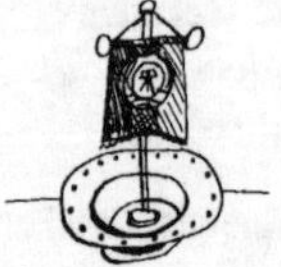

* Vorsitzender des Ministerrates der Italienischen Republik

MENÜ 16; REZEPT AUF SEITE 136

... am 31. August 1984 mit Sportlern

Cocktails
Thunfischcocktail
Kalbfleischcocktail

Pikante kalte Speisen
Lachsschinken mit Spargel
Gefüllte Eier mit Lachscreme
Marinierter Pfirsich
mit Geflügelsalat
Kaßlerrückenbraten
mit Sahnemeerrettich
Ungarische Salami
Wildschinken, Käsevariationen
Frischkostsalat
Butter, div. Brotsorten,
Weißgebäck

Desserts
Kirschcreme, Moccacreme
Obstsalat, Tafelobst

Zum Kaffee
Fruchtringe
Wiener Buttercremedessert
Kirsch-Sahne-Dessert

Getränke
Sekt, Wein, div. Biere,
Nordhäuser Korn,
Weinbrand, alkoholfreie
Getränke, Fruchtsäfte

MENÜ 17; REZEPT AUF SEITE 140

... am 2. Oktober 1984 mit Aktivisten*

Gurken- und
Tomatenstreifen
mit Kräutermarinade,
Ei und Zungenstreifen
Nordhäuser »Feiner Alter Korn«, DDR

Hühnercurrysuppe
mit Schaumklößchen

Gespickte Rindslende mit
überbackenen Champignons
und Petersilienkartoffeln
»Seußlitzer Rotwein«, DDR

Apfelschaumspeise
mit Schokoraspeln
»Lindenpalais«, Sekt, trocken, DDR

Mokka, Feingebäck
»Grande Reserve«, Weinbrand, DDR

* Treffen des Generalsekretärs des ZK der SED mit verdienstvollen Genossen und Freunden, die aktiv an der Gründung und am Aufbau der DDR beteiligt waren

MENÜ 18; REZEPT AUF SEITE 144

... am 6. Mai 1985 mit sowjetischen Freunden*

Edellachstütchen
mit Spargel, Ei und Kaviar
»Jägerkorn«, DDR

Klare Ochsenschwanzsuppe,
Chesterstangen

Kalbfleischröllchen in Sahnesauce, Butterbohnen, Möhrenstreifen, Petersilienkartoffeln
»Saalhäuser Rebstock«, Weißwein, DDR

Nougatparfait
mit heißer Himbeersauce
»Grand Mousseux«, Sekt, halbtrocken, DDR

Mokka, feines Gebäck
»Alter Weinbrand«, DDR

* Festliches Essen aus Anlaß der Auszeichnung von Bürgern der UdSSR und deutscher antifaschistischer Widerstandskämpfer

MENÜ 19; REZEPT AUF SEITE 148

... am 7. Oktober 1985 zum Jubeltag*

Auserwählte kalte Speisen
Garnierte Fasanenbrust mit Waldorfsalat, Rehmedaillons mit Früchten, Schinkenröllchen mit Spargel
Pfirsiche mit Thunfischsalat
Würzige Cocktails

Gaumenfreuden aus der warmen Küche
Pikant-würziges Schweinefilet in Blätterteigkruste
Putenbrust Bördeland
Kleine Kalbsteaks
mit Schinken und Käse
Kaßlerrücken mit Eifüllung
Buntes Gemüse

Aus der Palastbäckerei
Knusprige Brötchen
Gewürzhörnchen
Kümmelstangen, Mohnzöpfe
Schusterjungs

Aus unserer Patisserie
Meisterspezialität Charlotte Havelland, Petits fours, Fruchtdesserts, Obstkörbchen, Eclairs, Nußdessert
Fruchtige Cremespeisen
Kaffee, Getränke

* Festessen zum 36. Jahrestag der DDR

MENÜ 20; REZEPT AUF SEITE 152

... am 15. September 1986 mit Christos Sartzetakis*

Lachsmedaillon in Dillaspik, Gefülltes Ei, Remoulade
»Weizen-Gold«, Doppelkorn, DDR

Perlhuhnkraftbrühe mit Leberklößchen

Gefülltes Rinderfilet »Gärtnerin Art«, Macairekartoffeln
»Seußlitzer Rotwein«, DDR

Zitroneneisschale
»Schloß Wackerbarth«, Sekt, halbtrocken, DDR

Mokka, Mohntörtchen
»Alter Weinbrand«, DDR

* Präsident der Griechischen Republik

Menü 21; Rezept auf Seite 156

... am 8. März 1986 mit vielen Frauen*

Havelländer Räucheraalfilets auf Toast
Garniertes Schweinelendenschnittchen
Rehrückenpastete mit schwarzen Johannisbeeren

Spargelcocktail
Fruchtsalat
Schinkencocktail
Würziger Heringssalat

Hühnerkraftbrühe »Frühlingsart«
Kaßlerrücken mit Aprikosen
Gefüllte Geflügelbrust auf Ananaskraut

Gebackene Pfefferbällchen

Kokoseis mit Mokkasahne

Käsespezialitäten

Kaffee, Feingebäck, Hausmacherkuchen

Getränke

* Festessen zum Internationalen Frauentag

Menü 22; Rezept auf Seite 160

… am 8. März 1987 schon wieder mit Frauen*

Vorspeisen und Salate
Schinkencocktail »Frühlingsart«
Geflügelsalat mit Sahnemeerrettich
Wildmedaillons mit Früchten garniert
Marinierte Edelpilze
Kräuterheringsfilet auf Apfeltranche

Früchte in Curacao

Warm serviert
Kalbfleischröllchen
Putenschnitzel mit Rahmchampignons
Würzig gefülltes Blätterteighörnchen

Marzipaneisschale mit Eierlikör
Käsevariationen

Kaffee
Berliner Kuchenteller mit Erdbeer- und Ananastörtchen
Nougaträllchen und Spritzkuchen
Getränke

* Festessen zum Internationalen Frauentag

MENÜ 23; REZEPT AUF SEITE 164

… am 8. September 1988 mit Károly Grósz*

Gefüllte Hühnerbrust-tranchen auf Apfelsalat, pikante Mangosauce
Butterkugeln
Weißgebäck
»Bären-Wodka«, DDR

Champignonkraftbrühe mit Kalbfleischklößchen

Gespickte Rindslende
Möhrenstifte, junge Erbsen, Spargel, Petersilienkartoffeln
»Seußlitzer Rotwein«, DDR

Eisschale »Karibik«
»Freyburg 1856«, Sekt, halbtrocken, DDR

Mokka, Petits fours
»Alter Weinbrand«, DDR

* Generalsekretär der UVAP, Vorsitzender des Ministerrates der Ungarischen Volksrepublik

MENÜ 24; REZEPT AUF SEITE 168

...kämpferisch am 23. September 1988*

Ausgewählte kalte Speisen
Pfefferbitok mit Schinkenmus,
Gefüllte Eier mit Kaviarcreme
Gefüllte Tomate mit Italienischem Salat
Hähnchenmedaillon mit Früchten
Kaßlerrückenbraten
Geräucherter Saftschinken
Wacholdersalami
Camembert mit grünem Pfeffer

Gaumenfreuden aus der warmen Küche
Warme Schinkenscheiben mit Gemüsechutney
Schweinerückensteak mit Kräuterpilzen
Masthähnchenstücken, ausgelöst, mit Früchten

Aus der Palastbäckerei
Hauseigenes Weißgebäck

Aus der Patisserie
Früchtecocktail
Obstschaumspeise
Kaffee
Getränke

* Festliches Beisammensein anläßlich des 35jährigen Bestehens der Kampfgruppen der Arbeiterklasse

MENÜ 25; REZEPT AUF SEITE 172

... am 10. Oktober 1988 mit Shambyn Batmunch*

Geraer Saftschinkenröllchen mit Sahnemeerrettich
Kaninchenkeulentranche auf Sellerie-Pfirsich-Salat
»Bären-Wodka«, DDR

Berliner Kartoffelsuppe mit Miniwürstchen

Kaßlerrücken in Burgunder
Weinsauerkraut gefüllte Grilltomate,
Kräuterkartoffelklöße
»Kaatschener Dachsberg«, Rotwein

Zimteisschale mit Brombeersauce
»Freyburg 1856«, Sekt, halbtrocken, DDR

Mokka, Ananashalbmond
»Alter Weinbrand«, DDR

* Generalsekretär des ZK der MRVP und Vorsitzender des Präsidiums des Großen Volkshurals der Mongolischen Volksrepublik

MENÜ 26; REZEPT AUF SEITE 176

**... zum Abschluß
am 7. Oktober 1989***

**Zuchtwachtelbrüstchen auf Maispüree
Forellenröllchen mit Dillsauce und Lachskaviar
Schaumbrot von Räucherzunge
Weißgebäck**

**Extra starke Putensuppe
mit Pistazienklößchen und Tomatenroyal**

**Filetensemble Trianon
Kalbsfilet mit Schinkenduxelles
Rinderfilet mit Gemüsebukett
Hühnermedaillons mit Pfirsichhälfte
Madeirasauce und Kartoffelspezialitäten**

**Dessert »Surprise«
verschiedene Eisspezialitäten
auf Schokoladen-Marzipan-Biskuit**

Mokka

*DDR-Sekt
DDR-Weine
(Saale-Unstrut und Meißen)
Kasoff-Wodka, Wilthen
Feiner Alter Weinbrand, Wilthen
Edelliköre
und Spezialbiere
der DDR*

* Festessen zum 40. Jahrestag der DDR

**Menü 27; Rezept auf Seite
180**

... und tschüss

... und so werden die Staatsmenüs zubereitet

Das schmeckt uns ...

... und unseren Gästen!

Koche mit Liebe – würze mit BINO!

WERTVOLL, WEIL AUS PFLANZENÖL

Menü 1

Gemischte Vorspeise

Schinkentütchen mit Sahnemeerrettich

Kochschinken .... *120 g*
Schlagsahne, ungesüßt .... *25 g*
Meerrettich .... *100 g*
Orangensaft .... *1/2 Orange*
Salz, Petersilie

Meerrettich auspressen, steif geschlagene Sahne darunterheben und mit Orangensaft und Salz abschmecken. Dünne gleichmäßige Schinkenscheiben zu Tüten drehen und mit Sahnemeerrettich füllen.
Petersilie als Garnitur

Kaviar auf Sc. Remoulade

Beluga-Malossol .... *4 TL*
Tortelettes o. Zitronenscheibe *4 Stück*
Zitronenbutter .... *20 g*
Remoulade .... *50 g*

Remoulade:

Cornichons *4*
Kapern .... *1 TL*
Sardellenfilets *2*
Perlzwiebeln *3*
Mayonnaise .... *200 g*
Ei, Senf, Salz
Kräuter (Schnittlauch, Petersilie)

Kapern, Sardellenfilets, Perlzwiebeln und das Eiweiß von hartgekochten Eiern feinwürfeln.
Mit Mayonnaise und Senf vermengen.
Kräuter darunterziehen und würzen.
Tortelettes mit Zitronenbutter ausstreichen, mit Kaviar füllen und mit Remoulade überziehen.

Menü 1

Räucheraal auf Gurke mit Olive garniert

Räucheraalfilet .... *200 g*
Grüne Gurke .... *10 g*
Olive
Dillspitze .... *1 Bund*

Räucheraalfilet auf geschälter Gurkenscheibe anrichten und mit Olive und Dillspitze garnieren. Auf gekühlten Tellern anrichten.

Känguruhschwanzsuppe

Fertigsuppe von »Excellent Dresden«. Grundlage sind Schwänze des australischen Känguruhs. Die Zubereitung erfolgt ähnlich der klaren Oxtailsuppe *(s. Menü 5. Anstelle von Rotwein einen trockenen Weißwein verwenden)*. Einlage: Känguruhschwanzfleisch *(Ersatz: Ochsenschwänze oder Rinderbug)*. Zur geschmacklichen Abrundung wird Currysahne empfohlen.

Lachsschnitte mit Sc. Mousseline, Spargelspitzen, Butterreis, Salatplatte

Lachsschnitte

Lachsfilets .... *400 g*
Zitronensaft
Weißwein, trocken
Salz, grüner Pfeffer, Öl, Mehl

Die Lachsfilets marinieren, mehlieren und in Öl goldbraun braten.

Sc. Mousseline

Sc. Hollandaise .... *50 g*
geschlagene, ungesüßte Sahne .... *50 g*
Zitronensaft .... *1 TL*

Menü 1

Spargelspitzen

Butterreis

Reis, Butterflocken, Salz

Auf vorgewärmten Teller mit Reis (Halbkugel) anrichten.

Salatplatte

Kopfsalat .... *1 Kopf*
Grüne Gurke .... *400 g*
Geriebene Möhren .... *2 Stück*
Paprika .... *2 Schoten*
Essig, Öl
Dill gezupft .... *1/2 Bund*
Petersilie gehackt .... *1/2 Bund*

Alle Bestandteile marinieren und gefällig anrichten. Extra reichen.

Fasan in Sahnesauce auf Champagnerkraut, pommes duchesse

Fasan in Sahnesauce

Fasan .... *2 Stück*
Speck (fett) .... *100 g*
Salz, Öl, Butter
Sahne .... *50 g*

Fasan innen und außen salzen,
spicken und mit Speck umhüllen,
in heißem Fett braten,
Speck abnehmen und in Butter nachbraten.
Unter den Bratenfond die Sahne ziehen.
Auf Champagnerkraut anrichten
und mit Brustspeckscheiben umlegen.
Sauce extra reichen.

Dunkler Anzug, höchster Orden.

Essen mit Andrej Gromyko am 5.6.1972

Menü 1

Champagnerkraut

Sauerkraut .... *600 g*
Gespickte Zwiebel .... *1 Stück*
Weißwein .... *0,2 l*
Brühe .... *0,2 l*
Speck (fett) .... *50 g*
Champagner .... *0,2 l*

Sauerkraut, gespickte Zwiebel, Weißwein, Brühe und ausgelassenen Speck ohne Grieben dünsten. Mit einem Glas Champagner aufkochen.

POMMES DUCHESSE

Kartoffelmasse, Butter, Eigelb

Kartoffelmasse auf gebuttertem Blech dressieren, mit Eigelb bestreichen und im Ofen bräunen.

Obstsalat mit Haselnüssen

Ananas .... *1 Stüch*
Bananen .... *2 Stück*
Äpfel .... *2 Stück*
Orangen .... *2 Stück*
Kandierte Kirschen .... *4 Stück*
Weinbrand .... *4 cl*
Gemahlene Haselnüsse .... *50 g*
Honig .... *50 g*
Minzblättchen .... *4 Blätter*

Alle Obstsorten sorgfältig behandeln.
Schneiden, Kerne entfernen, filetieren.
Mit Weinbrand und Honig marinieren und kaltstellen.
Auf Glas- oder Porzellanschale anrichten, mit gehackten Haselnüssen bestreuen und als Garnitur Minzblatt anlegen

Mokka, feines Gebäck

MENÜ 2

Gemischte Vorspeise

SPREEWÄLDER ZWIEBELSUPPE

Brühe .... *0,6 l*
Zwiebeln .... *500 g*
Butter .... *100 g*
Ungesüßte Sahne .... *100 g*
Meerrettich .... *4 TL*
Petersilie .... *1 Bund*
Dill .... *1 Bund*
Mehl .... *1 EL*

Feinstreifig geschnittene Zwiebeln in Butter schwenken und mit Mehl bestäuben. Brühe auffüllen, etwa 15 Minuten leicht kochen. Würzen und mit Meerrettichsahne, gehackter Petersilie und Dill abrunden.

KLEINE BLÄTTERTEIGPASTETE MIT ZUNGENRAGOUT

Blätterteigpastete
(Fertigprodukt) .... *4 Stück*
Rinderzunge (gepökelt) .... *200 g*
Suppengrün .... *1 Bund*
Butter .... *100 g*
Mehl .... *2 EL*
Salz, Pfeffer
Sc. hollandaise .... *100 g*
Champignons .... *200 g*
Spargelspitzen .... *8 Stück*
Kopfsalat .... *4 Blätt.*
Zitronenachtel .... *4 Stück*
Petersilie .... *1 Bund*

Gekochte Zunge in kleine Würfel schneiden, Mehlschwitze mit Brühe auffüllen und zum Kochen bringen. Zungenwürfel, Champignons (feinblättrig) unterziehen. Spargelspitzen extra erwärmen. Ragout mit Sc. hollandaise in Blätterteigpastete anrichten.

MENÜ 2

GARNITUR
Kopfsalat, Zitrone, Petersilie

Gespicktes Rinderfilet in Rotweinsauce, Champagnerkraut, Kartoffelbällchen

GESPICKTES RINDERFILET

Rindslende .... 600 g
fetter Speck .... 100 g
Öl .... 3 EL

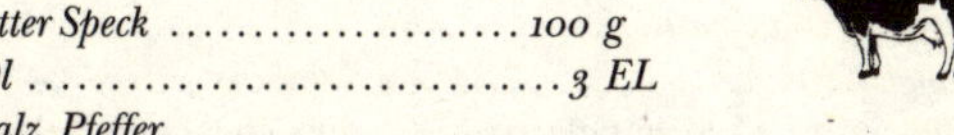

Salz, Pfeffer
Rinderftilet trockentupfen, parieren, spicken, würzen und bei ca. 220 bis 250° C ca. 30 Minuten in der Röhre garen. Öfter wenden. Vor dem Schneiden ca. 10 Minuten ruhen lassen. Abgesetzten Bratensaft für die Rotweinsauce verwenden.

ROTWEINSAUCE

Braune Kraftsauce mit Rotwein vollenden und Butterflocken unterziehen.

CHAMPAGNERKRAUT

s. Menü 1

KARTOFFELBÄLLCHEN

Kartoffeln .... 500 g
Eigelb 1
Butter .... 20 g
Salz, Muskat
Eiweiß 1
Semmelbrösel .... 100 g

Gekochte Kartoffeln trocknen und passieren.
Püree mit Butter, Salz, Muskat und Eigelb am Feuer bearbeiten, zu Bällchen formen, in Eiweiß und Semmelbrösel wälzen und in Öl backen.

ESSEN MIT JÁNOS KÁDÁR AM 22.3.1974

MENÜ 2

ORANGENCREME MIT BORKENSCHOKOLADE

Milch .... *1 l*
Eigelb *8*
Zucker .... *250 g*
Gelatine .... *16 Blatt*
Schlagsahne .... *1 l*
Vanillestange *1*
Orangensaft ....*von 3 Orangen*
Geriebene Orangenschale
Orangenfilets .... *4 Stück*

Eigelb mit 1/8 l Milch glattrühren, den Zucker und die Vanillestange kochen. Unter ständigem Schlagen Eigelb einrühren, dann vom Feuer nehmen. Orangensaft und -schale unterheben, aufgeweichte Gelatine heiß dazugeben und vor dem Stocken Schlagsahne unterziehen und in Gläser füllen. Rosette aus Schlagsahne aufspritzen und mit Orangenfilets garnieren.

Dessert

Mokka
Petits fours
mit verschiedenen Füllungen und Glasuren

Frisches Obst

So gemütlich saßen Sie noch nie!
(wie im Bankettsaal
des Staatsratsgebäudes)

MENÜ 3

Lachsvorspeise mit Kaviar und Spargel, Brot

Räucherlachs .... *200 g*
Malossolkaviar .... *2 TL*
Spargelköpfe *8*
Zitronensaft .... *1 TL*
Kopfsalat .... *4 Blätter*
Butter .... *80 g*
Weißgebäck .... *4 Scheiben*
Schnittlauchhalme, Dill

Lachs zu Rosen zusammenrollen, marinierte Spargelspitzen sternförmig anlegen.
Kaviar auf Zitrone anrichten. Mit Schnittlauch und Dill garnieren. Dazu Toast reichen.

GEFLÜGELRAHMSUPPE MIT CURRY

Geflügelbrühe .... *0,6 l*
Mehl .... *2 EL*
Butter .... *50 g*
Salz
Curry .... *1 TL*
Zitronensaft .... *2 EL*
Weißwein .... *2 EL*
Eigelb *1*
Süße Sahne .... *200 g*

Mehlschwitze mit Brühe auffüllen und durchkochen.
Mit Sahne und Eigelb legieren, mit Zitrone, Weißwein und Curry abschmecken. Gewürfeltes Hühnerfleisch als Einlage hinzugeben. Geklärte Butter aufsetzen.

Pastete mit feinem Ragout

Kalbfleisch .... *200 g*
Kalbsbrühe .... *1/4 l*
Butter .... *20 g*

Menü 3

Mehl .... *20 g*
Salz
Eigelb *1*
Zitronensaft .... *1 EL*
Weißwein .... *1 EL*
Champignonscheiben .... *2 EL*

Gekochtes Kalbfleisch fein würfeln.
Mehlschwitze mit Brühe auffüllen und kochen.
Mit Zitrone, Weißwein und Salz würzen, legieren,
Champignonscheiben zugeben.
Ragout in Pasteten füllen und Deckel aufsetzen.

Gespicktes Kalbsfricandeau in Rahmsauce, Edelgemüse, Petersilienkartoffeln

Kalbsfricandeau .... *600 g*
Speck (fett) .... *100 g*
Öl .... *2 EL*
Braune Kraftsauce .... *1/2 l*
Saure Sahne .... *20 g*
Salz, Pfeffer, Soßenbinder
Röstgemüse .... *1 Bund*

Kalbsfricandeau (Keule) würzen und von allen Seiten in Öl mit Röstgemüse anbraten. Mit Kraftsauce auffüllen und kochen lassen. Leicht binden und mit Sahne und Butter montieren.

Edelgemüse

Zuckerschoten .... *200 g*
Stangenspargel *16*
Champignons .... *200 g*
Möhrenstifte .... *200 g*

Zuckerschoten in Butter anschwenken, mit Salz und Zucker abschmecken. Spargel in Salzwasser kochen, nicht sprudeln lassen. Möhrenstifte in Salzwasser

Menü 3

kochen, in Butter anschwenken und mit Salz und Zucker würzen. Champignons in feine Scheiben schneiden, salzen und in Butter sautieren.
Gehackte Petersilie zugeben.
Das Edelgemüse nach dem Anrichten mit Sc. hollandaise überziehen.

Sauce hollandaise:

Butter .... *250 g*
Eigelb *2*
Weißwein .... *4 EL*
Zitronensaft .... *1 EL*
Salz, Pfeffer (weiß)

Butter bei mittlerer Hitze zerlassen, aufkochen und mit einer Kelle den Schaum abschöpfen. Eigelb und Weißwein in eine Metallschüssel geben und im Wasserbad mit Schneebesen schaumig schlagen.
Die geklärte Butter tropfenweise unter ständigem Rühren darunterziehen. Mit Zitronensaft, Salz, und weißem Pfeffer abschmecken.

Petersilienkartoffeln

Kartoffeln .... *1000 g*
Butter .... *100 g*
Gehackte Petersilie .... *1 kl. Bund*

Gleichmäßig große gekochte Kartoffeln mit zerlassener Butter bestreichen und mit frisch gehackter Petersilie bestreuen.

Weingelee mit Früchten

Weißwein .... *0,4 l*
Blattgelatine .... *8 Blatt*
Zucker .... *20 g*
Kirschen .... *50 g*
Ananasstücken .... *50 g*
Mandarinenfilets .... *50 g*

MENÜ 3

Weißwein erwärmen, Zucker auflösen und Gelatine dazugeben. Früchte schichtweise in ein Glas geben, mit Weißweingelee aufgießen und Sahnehäubchen aufspritzen.

Mokka

KLEINE WINDBEUTEL MIT MANDELSAHNE

Butter ....*60 g*
Mehl ....*125 g*
Salz ....*1 Prise*
Eier ....*3 Stück*
Wasser ....*1/4 l*

Butter und Wasser zum Kochen bringen und das gesiebte Mehl dazugeben und gründlich einrühren. Masse abbrennen und Teig umfüllen.
Eier einzeln unterziehen. Brandteig auf gebuttertes Blech aufspritzen und ausbacken.
Windbeutel aufschneiden, mit Sahne füllen, Mandelsplitter aufstreuen und Deckel aufsetzen.
Mit Puderzucker bestäuben.

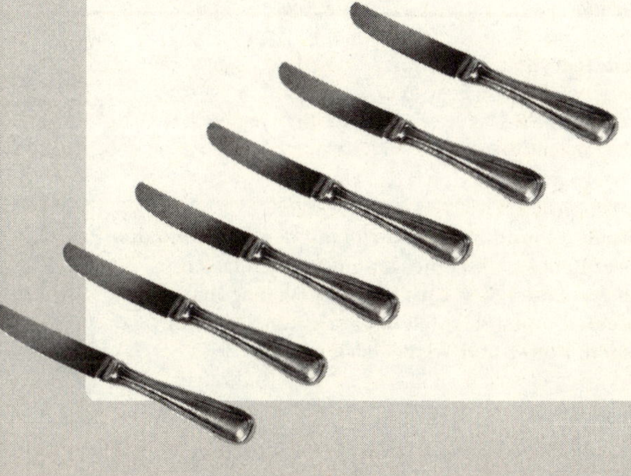

Essen mit Edward Gierek am 28.5.1977

Menü 4

Gänseleberpastete in Madeira auf Apfelsalat

Gänseleberpastete

Gänseleber.................... 100 g
Kalbfleisch.................... 100 g
Speck.......................... 100 g
Ei............................. 1
Pastetengewürz................ 1/2 TL
Geriebene Zwiebeln............ 1
Salz, Majoran
Madeira-Aspik................. 1/4 l

Gänseleber, Kalbfleisch und Speck fein durchlassen, mit Eiern, Gewürzen und geriebener Zwiebel vermengen und nochmals wolfen.

Mit Speckplatten ausgelegte Pastetenform mit der Leberfarce füllen, mit Speckplatten abdecken, fest verschließen und im Wasserbad ca. 50 Minuten garen. Abkühlen und mit Madeiraaspik übergießen.

Apfelsalat

Äpfel .... 500 g
Staudensellerie .... 100 g
Friseesalat .... 1/2 Kopf
Walnußkerne.................... 50 g
Zitronensaft .... 1 EL
Essig.......................... 1 EL
Öl............................. 1 EL
Zucker, Salz, Pfeffer
Sahnejoghurt................... 100 g
Meerrettich.................... 1 EL

Feine Apfel- und Selleriewürfel mit den anderen Zutaten vermengen, abschmecken und ziehen lassen.

Zum Anrichten die Gänseleberpastete diagonal schneiden und auf Apfelsalat anrichten. Garnitur anlegen. Butter und Weißgebäck reichen.

Menü 4

Fischsuppe »Oderhaff«

Dorschfilet .... *200 g*
Zander oder Hechtfilet .... *200 g*
Fischabschnitte .... *500 g*
Kartoffeln .... *200 g*
Zwiebeln *2*
Möhren *2*
Tomaten *2*
Porree .... *1 Stange*
Butter .... *50 g*
Suppengrün *1*
Salz
Zitronensaft .... *1 EL*

Fischabschnitte mit Wasser, Salz, und Suppengrün zu einer Brühe verkochen. Die Brühe durch ein Tuch gießen, das Fischfilet in Würfel schneiden und pochieren. Kartoffeln, Zwiebeln, Möhren und Porree würfeln und in Butter andünsten, in die Brühe geben und garen. Das pochierte Fischfilet dazugeben.
Die Tomaten abziehen, würfeln und in die Brühe geben. Mit Zitronensaft abschmecken.

Hühnerbrüstchen, überbacken

Hühnerbrust .... *400 g*
Frische Champignons .... *500 g*
Sahne .... *50 g*
Butter .... *20 g*
Gehackte Petersilie .... *1 Bund*
Zitronensaft .... *1 El*
Geriebener Käse .... *4 EL*
Salz, Pfeffer
Toast .... *4 Scheiben*
Garnitur

Menü 4

Ausgelöste Hühnerbrust in Butter braten.
Champignons in feine Scheiben schneiden, mit Butter schwenken und mit Zitrone, Salz und Pfeffer würzen. Sahne hinzugeben und dünsten, gehackte Petersilie unterziehen.
Die Cremechampignons auf der Hühnerbrust anrichten, mit geriebenem Käse bestreuen und gratinieren. Auf Toast anrichten und garnieren.

Kalbsnuß, glaciert, mit Edelgemüse und Kartoffelkrusteln

Kalbsnuss glaciert

Kalbsnuß .... *500 g*
Salz, Pfeffer
Öl .... *3 EL*
Röstgemüse .... *1 Bund*
Braune Kraftsauce .... *1/4 l*
Saure Sahne .... *2 EL*

Kalbsnuß würzen, in Öl anbraten und Röstgemüse dazugeben. Angießen und garen lassen. Bratenfond binden, passieren und mit Sahne verfeinern.

Edelgemüse

Zuckerschoten .... *200 g*
Stangenspargel *16*
Kräuterchampignons .... *200 g*
Möhrenstifte .... *200 g*

Zuckerschoten in Butter anschwenken, mit Salz und Zucker abschmecken.
Spargel in Salzwasser kochen, nicht sprudeln lassen.
Möhrenstifte in Salzwasser kochen, in Butter anschwenken, mit Salz und Zucker würzen.
Champignons in feine Scheiben schneiden, salzen und in Butter sautieren.

Menü 4

Gehackte Petersilie zugeben. Das Edelgemüse nach dem Anrichten mit Sc. hollandaise überziehen.

Kartoffelkrusteln
siehe Kartoffelbällchen *Menü 2*

Nougatcreme mit Hippengebäck

Nougatcreme *s. Menü 17*
Hippengebäck
Rollen, kleine Tütchen, Blätter als Garnitur

Hippenmasse:
Persipanrohmasse, Puderzucker, Milch, Mehl, Eiklar, dünn anrühren.

Mokka, Schillerlocken

Schillerlocken
Mit Sahne gefüllte Blätterteigtütchen

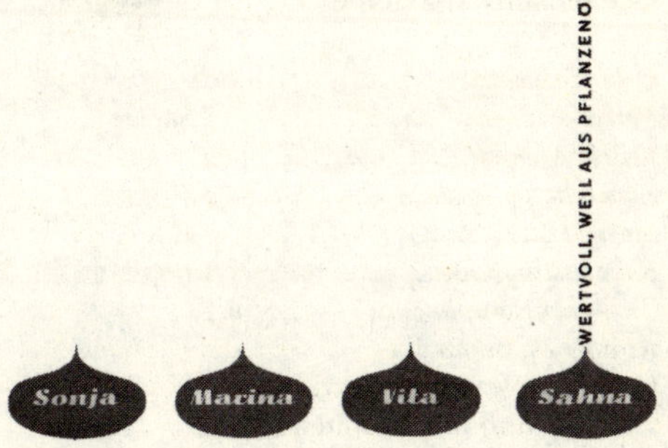

Menü 5

Geräuchertes Forellenfilet auf Apfelsalat

Forellenfilets 4
Äpfel 2
Sellerie .... 1/2 Knolle
Roter Paprika in Streifen 2 Schoten
Gewürfelte Zwiebel 1
Dill .... 1 kl Bund
Blattsalat .... 1 Kopf
Mayonnaise, Joghurt je 100 g
Sahne .... 50 g
Zitronensaft .... 1 TL
Zitronenachtel 4
Salz, Zucker

Äpfel, Sellerie, Paprika und Zwiebeln mit Zitrone beträufeln, mit Mayonnaise, Joghurt binden und würzen. Salat auf Teller anrichten.
Forellenfilet anlegen und mit Zitronenachtel, Kopfsalat und Dill garnieren.

Ochsenschwanzsuppe

Ochsenschwänze .... 1000 g
Porree .... 1 Stange
Frische Möhren 2
Zwiebeln 2
Speiseöl .... 3 EL
Kräutersträußchen .... 1 Bund
Trockener Rotwein .... 0,4 l
Klärfleisch, Eiklar

Ochsenschwanzstücke kräftig anbraten, Wurzelgemüse zugeben und braun braten lassen.
Bratfett entfernen, mit Rotwein ablöschen, mit Brühe auffüllen, langsam kochen, abschäumen, mit Lorbeer,

Thymian, Basilikum, Nelke und etwas Majoran würzen. Ständig entfetten, mit Sherry und Rotwein abrunden. Fleisch würflig schneiden und mit Gemüse als Einlage geben.

Märkisches Zwiebelfleisch

Hammel .... *400 g*
Kümmel, Salz
Zwiebeln *1*
Knoblauch.................... *4 Zehen*
Saure Sahne .... *100 g*
Butter .... *100 g*
Brühe .... *1/4 l*
Kartoffelstücke .... *200 g*

Fleisch würzen und anbraten, mit Brühe auffüllen, Kartoffelstücke zugeben und ca. 1 Stunde kochen lassen. Fond mit saurer Sahne und Zwiebelringen verfeinern und hell binden.
Auf vorgewärmtem Teller mit Risotto (Halbkugel) anrichten.

Rinderbraten »Spreewälder Art«, Kartoffelbällchen, Gurken in Dill-Marinade

Rinderbraten
Rinderkeule.................. *600 g*
Speck (fett)................. *100 g*
Bratgemüse. .... *1 Bund*
Öl .... *3 EL*
Salz, Pfeffer
Braune Brühe................. *1/2 l*
Tomatenmark.................. *2 EL*
Soßenkuchen

Menü 5

Fleisch würzen, spicken und in Öl scharf anbraten. Bratgemüse zugeben, Farbe nehmen lassen, Tomatenmark hinzugeben und reduzieren lassen. Mit brauner Brühe auffüllen, mit Soßenkuchen nachwürzen und Fleisch weich garen.

Kartoffelbällchen

Kartoffeln .... *500 g*
Eigelb *1*
Butter .... *20 g*
Salz, Muskat
Eiweiß *1*
Semmelbrösel .... *100 g*

Gekochte Kartoffeln trocknen und passieren. Püree mit Butter, Salz, Muskat und Eigelb am Feuer bearbeiten. Formen, in Eiweiß und Semmelbrösel wälzen und in Ölbacken.

Gurken in Dill-Marinade

Grüne Gurken .... *500 g*
Kopfsalat .... *1 Kopf*
Dill .... *1 Bund*
Essig .... *1 EL*
Öl .... *1 EL*
Salz, Pfeffer,
Zucker .... *1 EL*
Joghurt .... *200 g*

Auf vorgewärmtem Teller die Bratgemüsestreifen auf dem Rinderbraten anrichten.
Gurken in Dill extra reichen.

Menü 5

Frische Erdbeeren mit Schlagsahne

Erdbeeren .... 200 g
Zucker......................... 50 g
Schlagsahne.................... 100 g
Minzblättchen.................. 4 Blatt
Auf Teller anrichten und mit Minzblatt garnieren.

Eclair mit Vanillecreme

Eiklar
Kristallzucker
Puderzucker
Eiklar steif schlagen, danach langsam den Kristallzucker darunterschlagen und den gesiebten Puderzucker langsam unterrühren.
Baisermasse auf Pergament spritzen.
Bei geringer Temperatur im Ofen trocknen.
Vanillecreme in Eclairschale anrichten
und mit Schokoraspeln garnieren.

Menü 6

Fruchtcocktail mit Curryrahm

Bananen *2*
Pfirsiche *2*
Äpfel *2*
Kiwi *2*
Honigmelone .... *1/2 Frucht*
Orangen *1*
Erdbeeren .... *100 g*
Schlagsahne .... *100 g*
Curry
Zucker .... *50 g*
Zitronensaft .... *1 EL*
Zitronenmelisse

Früchte sorgfältig waschen, schälen, schneiden. Aus Schlagsahne, Curry, Zitrone den Curryrahm verrühren.
Früchte in Cocktailgläser füllen und mit Curryrahm übergießen. Mit Zitronenmelisse garnieren.

Perlhuhnkraftbrühe mit Champignonnocken

PERLHUHNKRAFTBRÜHE
Perlhuhn *1*
Rinderbrühe .... *0,4 l*
Suppengrün .... *1 Bund*
Zwiebel *1*

Brühe mit Perlhuhn ansetzen, Suppengrün und Zwiebeln zugeben, kochen lassen, anschließend passieren.

CHAMPIGNONNOCKEN
Champignons .... *100 g*
Ei .... *1 Stück*
Brühe
Gehackte Petersilie

Menü 6

Alle Rohstoffe vermischen und durch die feine Scheibe eines Fleischwolfes lassen. Gehackte Petersilie extra untermischen. In kochendes Salzwasser oder Brühe abstechen. Champignonnocken als Einlage in die Perlhuhnkraftbrühe geben und Petersilie darüberstreuen.

Kalbsmedaillon in Artischockenboden Schaumsoße

Marinierte
Artischockenböden .... 8 Stück
Kalbsfilet .... 250 g
Öl .... 2 EL
Butter .... 20 g
Salz, Pfeffer
Sc. hollandaise .... 150 g
Ungesüßte Sahne .... 20 g
Zitronensaft .... 1 EL
Garnitur
Kalbsmedaillon rosa braten, auf mariniertem Artischockenboden anrichten. Unter Sc. hollandaise Sahne ziehen und auf das Medaillon geben. Weißgebäck dazu reichen.

Gefülltes Spanferkel, Weinkraut, Kartoffelbällchen

Spanferkel
Spanferkel .... 1500 g
Äpfel .... 2 Stück
Rosinen .... 50 g
Zwiebeln .... 2 Stück
Lorbeerlaub, Salz, Pfeffer
Öl .... 3 EL
Braune Brühe .... 0,5 l

Menü 6

Spanferkel würzen, mit Apfel, Zwiebel und Rosinen füllen und braten. Bratensatz mit brauner Brühe löschen und leicht binden.
Spanferkel füllen und garen.
Ein Spanferkel für ca. zehn Personen.
Spanferkel in der Küche portionieren.

Weinkraut

Weißkraut .... *1 Kopf*
Speck (fett) .... *100 g*
Zwiebeln .... *1 Stück*
Schmalz .... *100 g*
Brühe .... *1/2 l*
Weinessig
Trockener Weißwein .... *1 Glas*
Lorbeerlaub, Salz
Zucker .... *50 g*
Stärke .... *2 EL*

Geschnittenen Weißkohl mit Salz und Zucker durcharbeiten, mit Brühe ansetzen, Speckwürfel und Schmalz auslassen, dazugeben und dünsten. Kurz vor dem Garende Essig und Wein zugeben.

Kartoffelbällchen s. Menü 2

Rotweingelee mit Früchten, Schlagsahne

Rotwein .... *0,4 l*
Blattgelatine .... *8 Blatt*
Zucker .... *20 g*
Orangen
Mandarinenfilets
Ananas
Kirschen
Schlagsahne .... *100 g*

Menü 6

Rotwein erwärmen, Zucker auflösen und aufgeweichte Gelatine dazugeben. Früchte schichtweise in Gläser geben und mit Rotweingelee aufgießen. Sahnehäubchen aufsetzen.

Mokka, feines Teegebäck

Höhere Mathematik

Ein großer Schlachthof in Dresden erfüllte 1986 seinen Plan nur zu fünfzig Prozent. Der Direktor meldete fünfundsechzig Prozent an die SED-Kreisleitung. Der Kreisleitungssekretär erhöhte auf fünfundsiebzig Prozent. Die SED-Bezirksleitung telegrafierte gewohnheitsgemäß 99,8 Prozent nach Berlin weiter.
Als Wirtschaftslenker Günter Mittag den Bericht auf seinem Schreibtisch vorfand, war die Bilanz auf hundert Prozent gerundet. Kurzentschlossen entschied er: »Die Hälfte wird exportiert, der Rest bleibt für den Binnenhandel.«

Menü 7

Wildspießchen auf Waldorfsalat

Wildspiesschen

Wildschwein	*300 g*
Speck (mager)	*70 g*
Zwiebeln	*2 Stück*
Champignonköpfe	*12 Stück*
Zucchini	*100 g*
Paprika	*2 Schoten*
Öl	
Salz, Pfeffer	

Feine Wildschweinwürfel, geviertelte Zwiebeln, Paprikastücken, Zucchinischeiben, Speckscheiben und die Champignonköpfe dekorativ auf Holzspießchen stecken, kräftig würzen und scharf braten.

Waldorfsalat

Äpfel	*3 Stück*
Sellerie	*1/2 Knolle*
Walnußkerne	*50 g*
Mayonnaise	*100 g*
Schlagsahne	*50 g*
Zitronensaft	*1 EL*
Zucker	
Salz, Pfeffer	

Äpfel und Sellerie in feine Streifen schneiden, Mayonnaise und Schlagsahne darunterziehen und würzen. Auf Teller anrichten und mit Walnußkernen garnieren.

Klare Ochsenschwanzsuppe mit Weinbrand

s. Menü 5

Menü 7

Gefüllte Teigtaschen mit saurem Rahm

Teigtaschen
Weizenmehl .... 200 g
Eier .... 1 Stück
Wasser
Salz
Eier in eine Schüssel schlagen, anschließend Wasser, gesiebtes Mehl dazugeben und zu einem festen Teig verarbeiten.

Füllung (Fleischfarce)
Rindfleisch .... 100 g
Schweinefleisch .... 100 g
Zwiebel .... 1 Stück
Knoblauch .... 1 Zehe
Salz, Pfeffer
Teig dünn ausrollen, Vierecke (8 bis 12 cm) ausstechen oder ausschneiden, die Ränder mit Eigelb bestreichen. Füllung in die Mitte geben, den Teig darüberschlagen und die Ränder fest andrücken. In kochende Brühe geben. Anrichten mit saurer Sahne.

Putenbraten »chipolata«, gebackene Kartoffeln, Kopfsalatherzen in Kräuterrahm

Putenbraten
Pute .... 1 Babypute
Speck (fett) .... 100 g
Speck (mager) .... 100 g
Zwiebel .... 1 Stück
Maronen .... 200 g
Chipolatas (kleine Bratwürstchen) 4 Stück
Olivenförmige Karotten .... 4 Stück
Butter .... 50 g

Menü 7

Margarine .... *50 g*
Braune Kraftsauce .... *0,5 l*
Aus den Keulen die Sehnen entfernen,
dann mit Speckstreifen spicken.
Brust mit Speckscheiben binden,
innen und außen salzen und pfeffern und langsam in
Butter oder Margarine braten.
Maronen, Zwiebelecken, Chipolatas, Speckwürfelchen
und Karotten dünsten.
Bratenfond mit brauner Kraftsauce mischen.

Gebackene Kartoffeln
Pommes frites

Kopfsalatherzen in Kräuterrahm
Kopfsalat .... *4 Köpfe*
Saure Sahne .... *100 g*
Petersilie .... *1 Bund*
Dill .... *1 Bund*
Schnittlauch .... *1 Bund*
Zucker .... *50 g*
Salz, Pfeffer
Zitronenmelisse
Saure Sahne glattrühren, würzen, fein gehackte
Kräuter untermischen.
Salatherzen damit anrichten und garnieren.

Geeister Fruchtsalat

Ananas .... *1 Stück*
Bananen .... *2 Stück*
Äpfel .... *2 Stück*
Orangen .... *2 Stück*
Kandierte Kirschen .... *4 Stück*
Weinbrand .... *4 cl*

Menü 7

Gemahlene Haselnüsse .... *50 g*
Honig .... *50 g*
Minzblättchen .... *4 Blätter*

Alle Obstsorten sorgfältig behandeln. Schneiden, Kerne entfernen, filetieren.
Mit Weinbrand und Honig marinieren und kaltstellen.
Auf Glas- oder Porzellanschale anrichten, mit gehackten Haselnüssen bestreuen und als Garnitur Minzblatt anlegen, gekühlt anrichten und garnieren.

Mokka, Baumkuchenspitzen

Baumkuchenringe in Spitzen schneiden und mit Schokolade überziehen.

Menü 8

Krebsfleischsalat »Duglaree«

Krebsfleisch .... *1 Dose*
Apfel .... *1 Stück*
Dill
Gurkenwürfel .... *100 g*
Tomatenwürfel .... *100 g*
Mayonnaise .... *100 g*
Geriebener Meerrettich .... *2 TL*
Zitronensaft .... *1 EL*
Ketchup .... *2 EL*
Salz, Pfeffer
Worchestersauce, Kerbel, Estragon

Mariniertes Krebsfleisch, Tomaten, Gurken, Apfelwürfel vermengen. Unter die Mayonnaise den geriebenen Meerrettich, Kerbel, Estragon, Ketchup und Worchestersauce ziehen. Auf Kopfsalatblättchen anrichten und garnieren.

Hühnerkraftbrühe mit Eierstich

Geflügelbrühe .... *0,6 l*
Rinderhesse .... *100 g*
Geflügelklein .... *100 g*
Eiklar *1*
Suppengemüse .... *1 Bund*
Salz, Pfeffer
Auf 2,5 l Brühe 400 g Klärfleisch.

Zerkleinerte Rinderhesse und Geflügelklein mit geschlagenem Eiklar mischen, gekochtes Suppengrün dazugeben und mit kalter Brühe auffüllen und bei kleiner Hitze ziehen lassen.

Menü 8

Eierstich

Eier, Milch, Muskat, Salz

Eier aufschlagen mit Salz und geriebener Muskatnuß würzen und mit Milch im Verhältnis 1:1 gut verrühren.
Ins Wasserbad geben und stocken lassen.
In Würfel schneiden und unter die Brühe heben.

Geraer Saftschinken, Stangenspargel, zerlassene Butter

Petersilienkartoffeln

Geraer Saftschinken (dünne Scheiben) .... *150 g*
Stangenspargel .... *8 Stangen*
Butter .... *100 g*
Kartoffeln .... *8 Stück*
Gehackte Petersilie .... *2 EL*
Zitronenachtel .... *8 Stück*

Spargel auf gleiche Länge bringen, portionieren, binden und in Salzwasser mit etwas Zucker kochen. Wasser nicht sprudeln lassen, da die Köpfe sonst Schaden nehmen. Trocken anrichten.
Die zerlassene Butter über den Spargel geben.

Gespickte Rindshüfte, Pommes frites oder Schwenkkartoffeln, Kopfsalat »Küchenmeister Art«

Gespickte Rindshüfte

Kurzgebratene Rinderhüfte .... *600 g*
Speck (fett) .... *100 g*
Butter .... *50 g*

MENÜ 8

Salz, Pfeffer
Öl .... *2 EL*

KOPFSALAT »KÜCHENMEISTER ART«
Kopfsalat .... *2 Köpfe*
Eier .... *1 Stück*
Kapern .... *1 TL*
Estragon
Kerbel
Essig-Öl Sauce .... *1/8 l*

Kopfsalatblätter mit Scheiben von hartgekochten Eiern, Essig-Öl-Sauce, gehackten Kapern, Estragon und Kerbel garnieren.
Rindshüfte auf vorgewärmtem Teller wahlweise mit Schwenkkartoffeln oder Pommes frites anrichten.
Salat extra reichen.

Eisrolle »Tutti-Frutti«

Biskuitteig
Fruchteis
(Erdbeer, Ananas, Zitrone o.ä.) Kandierte Früchte

Eis auf dünnen Biskuitteig streichen und einrollen, mit kandierten Früchten garnieren, auf gekühltem Teller anrichten.

Mokka, Ananasschnitte

Tortelettes, Ananasringe, Buttercreme

Tortelettes mit Buttercreme ausstreichen, Ananasring auflegen, mit Fruchtgelee abtupfen und mit etwas Schlagsahne garnieren.

Essen mit Oberst Yhomby-Opango* am 10.10.1977

Menü 8

** Vorsitzender des Militärkomitees der Kongoleischen Partei der Arbeit, Präsident der Republik, Staatschef und Vorsitzender des Ministerrats der VR Kongo*

DDR-Spezialitäten-Lexikon III

Edel
DDR-Weinbrandmarke Flüsterpropaganda der Lokalpatrioten: Edel macht das Volk hilflos und gut.

Erlebnisbereich
Teil einer Gaststätte, in dem der ahnungslose Gast etwas erleben kann, zum Beispiel sein blaues Wunder.

Sättigungsbeilage
Auf sozialistischen Speisekarten eigens verheißene Magentäuschungssubstanz.

Sozialistische Wartegemeinschaft
Kundenschlange

Menü 9

Wildspießchen auf Waldorfsalat *s. Menü 7*

Champignonkraftbrühe mit Grießklößchen

Champignonkraftbrühe
Zubereitung wie Rinderkraftbrühe, nur zusätzlich Champignonabschnitte in die Kläreinlage geben.

Griessklösschen
Grieß .... *100 g*
Butter .... *40 g*
Ei *1*
Salz
gehackte Petersilie .... *2 EL*
Butter mit dem Ei schaumig schlagen, Grieß einmengen, würzen, Klößchen formen und ca. zehn Minuten in Brühe oder Salzwasser garen.

Geschmorter Rostbraten, Gemüsestreifen, Spätzle, Kräuterkartoffeln, Kopfsalat mariniert

Rostbraten
Roastbeef .... *500 g*
Öl .... *3 EL*
Salz, Pfeffer
Braune Kraftsauce .... *1/2 l*
Ungesüßte Sahne .... *2 EL*
Roastbeef in Scheiben schneiden, klopfen, würzen und beidseitig anbraten, in Sahnesauce garziehen lassen.

Gemüsestreifen
Möhren *2*
Sellerie .... *1/2 Knolle*
Zwiebeln *2*
Butter .... *40 g*

Menü 9

Salz, Pfeffer
Brühe .... *1/8 l*
Gemüsestreifen in Butter und Brühe bißfest dünsten.

Spätzle
Weizenmehl .... *250 g*
Eier .... *2 Stück*
Vollmilch .... *1/8 l*
Salz, Muskat, Butter
Zutaten mit einem Holzlöffel zu einer zähflüssigen Masse verrühren. Masse dünn auf ein angefeuchtetes Brett auftragen, Streifen abschneiden oder durch eine Spätzlepresse drücken. Streifen in kochendes Salzwasser geben und kurz aufkochen. Gründlich abwaschen, in Butter schwenken und würzen.

Kräuterkartoffeln
Salzkartoffeln mit Butter bestreichen und gehackte Kräuter darüberstreuen. Auf vorgewärmtem Teller Gemüsestreifen auf Rostbraten mit Spätzle anrichten. Salat und Kartoffeln extra reichen.
Kopfsalat mariniert *s. Menü 8*

Altenburger Halbkugeln, Tiefgefrorenes

Schokoladenhalbgefrorenes ...... *200 g*
Vanillehalbgefrorenes .... *200 g*
Schlagsahne .... *100 g*
Erdbeeren .... *250 g*
Minzblättchen .... *4 Blättchen*
Auf vorgekühlten Tellern anrichten. Mit frischen Erdbeeren und Sahne garnieren, Minzblättchen auflegen.

Mokka, Baumkuchenspitzen

Menü 10

Gefüllte Lachstütchen auf Buttertoast

Lachstütchen

Räucherlachs .... *200 g*
Sahnemeerrettich .... *4 TL*
Toast .... *4 Scheiben*
Butter .... *80 g*
Dillspitzen

Toastscheiben mit Butter bestreichen, Räucherlachsscheiben mit Sahnemeerrettich bestreichen, zu Tütchen drehen und auf Toast anrichten. Mit Dillspitzen garnieren.

Champignoncremesuppe

frische Champignons .... *300 g*
Brühe .... *0,6 l*
Zitronensaft .... *1 EL*
Butter .... *50 g*
Weizenmehl .... *50 g*
Eigelb *1*
Schlagsahne .... *20 g*
Salz

Mehlschwitze herstellen mit Butter und Mehl. Das ganze mit Champignonbrühe auffüllen. Aufkochen, mit Eigelb und ungesüßter Sahne binden. Würzen, als Einlage Champignonscheiben, bestreuen mit gehackter Petersilie.

Glacierte Kalbskeule in Sahnensauce, Spargel, Butterbohnen, Zuckererbsen, Kartoffelbällchen

Kalbskeule

Kalbskeule .... *600 g*

Menü 10

Salz, Pfeffer
Öl .... *2 EL*
Röstgemüse .... *1 Bund*
braune Kraftsauce .... *1/2 l*
Kalbskeule würzen und in Öl mit Röstgemüse anbraten. Angießen und garen lassen. Bratenfond mit saurer Sahne binden.

Edelgemüse
Zuckerschoten .... *200 g*
Stangenspargel *16*
Kräuterchampignons .... *200 g*
Möhrenstifte .... *200 g*
Zuckerschoten, Möhrenstifte in Butter anschwenken, mit Salz und Zucker abschmecken. Spargel in Salzwasser kochen, nicht sprudeln lassen. Champignons in feine Scheiben schneiden, salzen und in Butter sautieren. Gehackte Petersilie zugeben. Das Edelgemüse nach dem Anrichten mit Sc. hollandaise überziehen.

Kartoffelbällchen
Kartoffeln .... *500 g*
Eigelb *1*
Butter .... *20 g*
Salz, Muskat
Eiweiß *1*
Semmelbrösel .... *100 g*
Gekochte Kartoffeln trocknen und passieren. Püree mit Butter, Salz, Muskat und Eigelb am Feuer bearbeiten. Formen, in Eiweiß und Semmelbrösel wälzen und in Öl backen.

Menü 10

Dessert

Eisschale »Lukullus«
Pfirsichtranchen .... *von 4 Stück*
Vanilleeis .... *8 Kugeln*
Karamelsauce .... *4 EL*
Schlagsahne .... *100 g*
Vanilleeis in der Schale anrichten,
Pfirsichtranchen auflegen,
mit Karamelsauce überziehen
und Sahnehäubchen aufsetzen.

Mokka, Aprikosentörtchen

Aprikosentörtchen
Tortelett (Mürbeteig), Buttercreme, Aprikosenkämme, Fruchtgelee, Kandierte Kirsche mit Stiel
Tortelett mit Buttercreme bestreichen,
Aprikosenkämme auflegen,
mit Fruchtgelee übergießen und als Garnitur
die kandierte Kirsche auflegen.

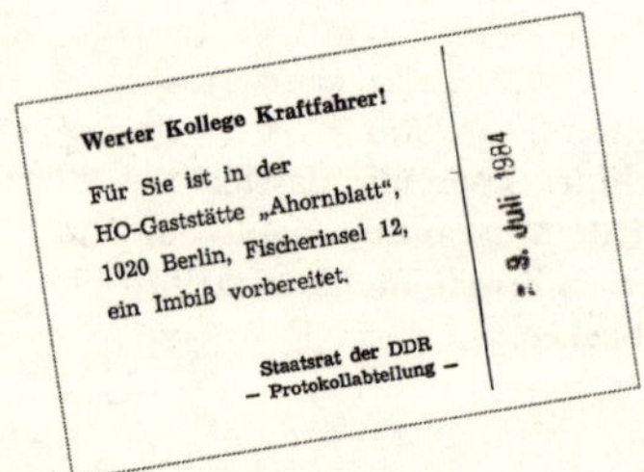

Werter Kollege Kraftfahrer!

Für Sie ist in der HO-Gaststätte „Ahornblatt“, 1020 Berlin, Fischerinsel 12, ein Imbiß vorbereitet.

Staatsrat der DDR
– Protokollabteilung –

3. Juli 1984

Essen mit Nasser Mohammed* am 5.11.1981

zu Menü 9

ADN-ZB/Mittelstädt/7.11.81/ke/Dresden : Besuch – LPG /
Die von ALI NASSER MOHAMMED (3.v.r.) geleitete Partei- und Staatsdelegation der VDRJ überzeugte sich in der LPG "Helmut Just" in Striegnitz (Kreis Meissen) vom hohen Niveau genossenschaftlicher Arbeit. LPG-Vorsitzender Gottfried LEDER (1.v.r.) erläuterte dem Gast die Methoden der Bodenbewirtschaftung. (2.v.r. Willi Stoph) Z 1107/28 N

* *Generalsekretär des ZK der Jemenitischen Sozialistischen Partei, Vorsitzender des Präsidiums des Obersten Volksrates und Vorsitzender des Ministerrates der Volksdemokratischen Republik Jemen*

Großer Saal

Sie werden gebeten, am Tisch Nr. 428 **Platz zu nehmen.**

DDR-Spezialitäten-Lexikon IV

Engpaß
Versorgungslücke, Mangelerscheinung. Volksmund: *Das einzige, was wir im Überfluß haben, ist der Mangel.*

Aluchips
Mark der DDR. Eine Währung, entschieden weicher als der harte sozialistische Alltag.

Menü 11

Kräuterheringsröllchen auf Apfelsalat

Kräuterheringsfilet .... *250 g*
Äpfel .... *2 Stück*
Sellerie .... *1/2 Knolle*
Grüne Gurke .... *100 g*
Zwiebel .... *1 Stück*
Kapern .... *1 TL*
Mayonnaise .... *100 g*
Joghurt .... *50 g*
Öl .... *2 EL*
Petersilie .... *1 Bund*
Schnittlauch .... *1 Bund*
Kopfsalat .... *4 Blatt*
Salz
Zucker .... *1 TL*

Äpfel, grüne Gurke, Sellerie, Zwiebeln in feine Würfel schneiden mit Mayonnaise und Joghurt binden, würzen. Auf Kopfsalat anrichten, dazu Kräuterheringsröllchen. Garnitur.

Tomatensuppe »Berliner Art«

Wurzelgemüse .... *1 Bund*
Zwiebel *1*
Knoblauch .... *2 Zehen*
Tomatenmark .... *100 g*
Mehl .... *3 EL*
Speck (mager) .... *50 g*
Butter .... *20 g*
Brühe .... *0,8 l*
Salz, Pfeffer
Zitronensaft .... *1 EL*
Zucker .... *20 g*

Mageren Speck und Wurzelgemüse würfeln,

Menü 11

mit Zwiebeln anbraten. Tomatenmark dazugeben und anschwitzen, mit Mehl anstäuben und mit Brühe auffüllen, würzen und abschmecken. Als Einlage dienen geröstete Weißbrotwürfel.

Gefüllter Jungschweinsrücken, Edelgemüse, Kartoffelklöße, Petersilienkartoffeln

Schweinerücken .... 600 g
Zwiebel .... 1 Stück
Weißbrot .... 4 Scheiben
Petersilie .... 1/2 Bund
Saure Sahne .... 50 g
Salz, Pfeffer, Majoran, Kümmel
Kraftsauce .... 0,5 l

Rücken seitlich aufschneiden, Fleischfüllung mit Weißbrot, Ei, Zwiebeln und Gewürzen gut durcharbeiten. Füllung in den Rücken hineindrücken, binden, würzen und anbraten. Angießen und mit saurer Sahne verfeinern.

Kartoffelklösse

Kartoffeln .... 1500 g
Mehl .... 750 g
Stärke .... 100 g
Eier .... 2 Stck.
Margarine .... 200 g
Weißbrot .... 300 g
Salz, Muskat

Gekochte Kartoffeln durch eine Kartoffelpresse drücken, Mehl, Stärke, Eier, Salz, und Muskat dazugeben und kneten. Masse darf nicht kleben. Geröstete Weißbrotwürfel in die geformten Klöße drücken. Hände mit Stärkemehl bestäuben, um ein Kleben zu verhindern. In Salzwasser ca. 10 Minuten ziehen lassen.

Menü 11

Petersilienkartoffeln

Kartoffeln .... *1000 g*
Salz
Butter........................ *100 g*
gehackte Petersilie............ *3 EL*

Gleichmäßig große gekochte Kartoffeln mit zerlassener Butter bestreichen und mit frisch gehackter Petersilie bestreuen.

Eisschale »Praline«

Schokoeis .... *4 Kugeln*
Schlagsahne..................... *100 g*
Pralinen .... *12 Stück*
Waffeln .... *4 Stück*

In hohem Glas anrichten, Eierlikör auf Eis.
Rosette von Schlagsahne aufspritzen
und mit Waffel und Pralinen garnieren.

Mokka, Kirsch-Sahne-Windbeutel

Windbeutel aufschneiden, in den Unterteil die abgetropften Schattenmorellen geben und mit Schlagsahne garnieren.
Oberteil aufsetzen und mit Puderzucker bestäuben.
Auf Teller anrichten.

ESSEN MIT PETAR STAMBOLIC* AM 22.11.1982

ZU MENÜ 11

* Vorsitzender des Präsidiums der Sozialistischen Föderativen Republik Jugoslawien

GEMEINSAMER BESCHLUSS

des Zentralkomitees der SED, des Bundesvorstandes des FDGB und des Ministerrates der DDR über die weitere planmäßige Verbesserung der Arbeits- und Lebe dingungen der Werktätigen im Zeitraum 197 vom 27. Mai 1976

Essen mit unseren Frauen am 8.3.1983

Menü 12

Pikante Vorspeisen

Lachsschinkenröllchen auf Toast

Lachsschinken .... *120 g*
Meerrettich .... *100 g*
Marinierter Spargel .... *4 Spitzen*
Ei .... *1 Stück*
Gewürzgurke.................. *2 Stück*
Petersilie .... *1 EL*
Butter .... *20 g*
Toast .... *4 Scheiben*

Toast rechteckig ausschneiden, mit Meerrettichbutter bestreichen. Lachsschinkenscheiben zu Tütchen drehen und mit Sahnemeerrettich und Spargel füllen. Mit Eischeibe, Gurkenfächer und Petersilie garnieren.

Gefüllter Rehrücken auf Apfelscheibe

Rehfilet....................... *200 g*
Speck......................... *70 g*
Champignons................. *50 g*
Fleischfarce .... *100 g*
Öl .... *2 EL*
Salz, Pfeffer
Apfel .... *1 Stück*
Weißwein...................... *1 Glas*
Zitronensaft................... *1 EL*
Fleischaspik .... *50 g*

Rehfilet zweimal aufschneiden, plattieren, würzen, mit Speckscheiben belegen, Champignons und Fleischfarce gleichmäßig verteilen. Zusammenrollen, binden und braten.
Abkühlen lassen, aufschneiden, mit Fleischaspik überpinseln und auf ausgestoßener, pochierter Apfelscheibe anrichten. Entsprechend garnieren.

MENÜ 12

GARNIERTE EDELFISCHPASTETE

Lachsparüren .... 200 g
Lachsstreifen .... 100 g
Hechtfilet .... 100 g
Weißbrot .... 4 Scheiben
Eiklar 1
Salz, Pfeffer, weiß
Sahne, ungesüßt .... 50 g
Pastetenteig .... 400 g

Feine Farce aus Hechtfilet, Lachsparüren, eingeweichtem rindenlosem Weißbrot, Eiklar, Salz und Pfeffer herstellen. Kastenform mit Pastetenteig ausfüllen. Form im Wechsel mit Farce und Lachsstreifen exakt auslegen. Mit Farce abdecken.
Form ins Wasserbad geben und bei mittlerer Hitze 60 Minuten garen lassen. Nach Erkalten mit hellem Fischaspik auffüllen. Stürzen, portionieren und auf Salatblatt mit Zitronenecken anrichten.

Salat- und Cocktailvariationen

MARINIERTE CHAMPIGNONS

MEERESFRUCHTCOCKTAIL

Krabben .... 100 g
Marinierte Muscheln .... 1 Dose
Tintenfisch .... 1 Dose
Thunfisch .... 1 Dose
Zwiebel .... 1 Stück
Äpfel .... 1 Stück
Gewürzgurken .... 1 Stück
Zitrone, Salz, Pfeffer
Tomatenmayonnaise .... 200 g
Kopfsalat .... 1/2 Kopf

Würfel von Thunfisch, Tintenfisch, Zwiebeln, Äpfeln,

Menü 12

Gurke würzen und vermengen. Krabben und Muschel unterheben. Feine Salatstreifen in einem Glas anrichten und den Cocktail einfüllen.
Mit Tomatenmayonnaise überziehen und garnieren.

Kalbsfleischsalat mit feinem Gemüse

Kalbsbraten .... *200 g*
Erbsen .... *1 TL*
Möhren .... *1 TL*
Champignons .... *1 TL*
Zwiebel .... *1 Stück*
Salz, Pfeffer
Kapern .... *20 g*
Mayonnaise .... *200 g*

Kalbsbraten, Möhren und Zwiebeln fein würfeln, Champignons und gegarte Erbsen dazugeben und würzen. Mit Mayonnaise binden, anrichten und garnieren.

Fruchtsalat mit feinem Likör

Ananas .... *1/2 Frucht*
Erdbeeren .... *200 g*
Orangen .... *2 Stück*
Pfirsich .... *2 Stück*
Zucker .... *50 g*
Bananenlikör .... *4 cl*

Fruchtstücke und Scheiben mit Zucker und Bananenlikör marinieren und im Glas anrichten.

Warm serviert

Gebratene Entenbrust mit Sauerkirschen

Entenbrust .... *2 Stück*
Öl .... *2 EL*
Butter .... *20 g*

MENÜ 12

Entsteinte Schattenmorellen .... *400 g*
Madeira .... *0,1 l*
Stärke
Entenbrust würzen und braten, Entenfond mit Rotwein abschmecken und leicht binden. Kirschen in Butter schwenken. Entenbrust beim Anrichten leicht saucieren.

GESPICKTE SCHWEINSLENDE MIT KRÄUTERSCHAUMSAUCE
Schweinefilet................. *200 g*
Speck......................... *50 g*
Öl........................... *2 EL*
Salz, Pfeffer
Sc. hollandaise............... *100 g*
Schlagsahne.................. *50 g*
Gehackte Petersilie............ *2 EL*
Schweinefilet parieren, spicken, würzen und braten. Tranchieren. Sc. hollandaise und geschlagene Sahne mit den gehackten Kräutern vermengen und beim Anrichten auf die Tranchen geben.

Kaffee,
Feingebäck

HAUSMACHERKUCHEN
Gedeckter Apfelkuchen
Pflaumenkuchen, Pfannkuchen

MENÜ 13

Vorspeise

SAFTSCHINKENMEDAILLON AUF APFELMAYONNAISE

Mayonnaise .... *100 g*
Apfelmus .... *100 g*
Meerrettich .... *2 TL*
Salz
Orangensaft .... *1 EL*
Saftschinken .... *200 g*
Toast .... *4 Scheiben*
Blattsalat .... *1/2 Kopf*
Kandierte Kirschen .... *4 Stück*
Mandarinenfilet .... *8 Scheiben*

Mayonnaise mit Apfelmus etwas Meerrettich, wenig Orangensaft und Salz mischen, auf den Medaillons anrichten und garnieren.

GEFLÜGELKRAFTBRÜHE

Hühnerkraftbrühe .... *0,8 l*
Lauch .... *50 g*
Erbsen .... *50 g*
Möhren .... *50 g*
Eierstich .... *100 g*
Hühnerfleisch .... *100 g*
Gehackte Petersilie .... *2 EL*

In die Kraftbrühe als Einlage feine Würfel von Eierstich und Hühnerfleisch sowie feine Streifen von Lauch und Möhren und die zarten Erbsen geben.
Zum Anrichten mit gehackter Petersilie bestreuen.

Rostbraten »Küchenmeisterart«, frischer Stangenspargel, Kräuterkartoffeln

ROSTBRATEN

Roastbeef .... *600 g*

Menü 13

Öl .... *3 EL*
Salz, Pfeffer
Röstgemüse .... *1 Bund*
Braune Kraftsauce .... *1/4 l*
Eischeiben .... *4 Scheiben*
Anchovis .... *4 Röllchen*
Dill .... *4 Spitzen*
Sahne .... *20 g*
Kapern .... *4 Stück*

Roastbeef würzen und in Öl mit Röstgemüse anbraten mit Kraftsauce auffüllen und fertig garen.

Stangenspargel
Kräuterkartoffeln

Kartoffeln .... *1000 g*
Salz
Butter .... *100 g*
gehackte Kräuter .... *3 EL*

Gleichmäßig große gekochte Kartoffeln mit zerlassener Butter bestreichen und mit frisch gehackten Kräutern bestreuen. Anrichten auf vorgewärmtem Teller, Anchovisröllchen mit Kapern auf Eischeiben geben und auf Rostbraten legen. Zum Rostbraten Sahnesauce. Stangenspargel mit Sc. hollandaise.

Dessert

Eisschale »Lukullus«

Pfirsichtranchen .... *von 4 Stück*
Vanilleeis .... *8 Kugeln*
Karamelsauce .... *4 EL*
Schlagsahne .... *100 g*

Vanilleeis in der Schale anrichten, Pfirsichtranchen auflegen, mit Karamelsauce überziehen und Sahnehäubchen aufsetzen.

Menü 13

Mokka, Ananashörnchen

Ananashörnchen, Plunderteig

Mehl .... *400 g*
Milch .... *1/4 l*
Hefe .... *40 g*
Weiche Butter .... *70 g*
Zucker .... *70 g*
Salz .... *1 TL*
Ei .... *1 Stück*
Eigelb .... *1 Stück*
Butter .... *300 g*
Mehl für die Butter .... *60 g*

Mehl auf eine Arbeitsfläche sieben, in die Mitte eine Mulde drücken und Butter, Zucker, Ei dazugeben. Hefe zerbröckeln, in lauwarmer Milch auflösen und auch in die Mulde geben. Alle Zutaten mit der Hand zu einem glatten Teig kneten und 2 bis 3 Stunden kühl ruhen lassen. Die Butter zum Einschlagen weich werden lassen und mit Mehl verkneten.
Butterrechtecke formen und in den Teig einbetten.
Plunderteigdreiecke ausschneiden.
Halbierten Ananasring einlegen, aufrollen und zu Halbmonden biegen und mit Eigelb bestreichen.
Bei 210° C 15 bis 20 Minuten backen.
Warm mit Aprikosenglasur bestreichen.

Essen mit Urho Kekkonen* am 6.9.1977

zu Menü 6

** Präsident der Republik Finnland*

Menü 14

Tomate, gefüllt mit pikantem Schinkensalat, Toastecken

Tomaten *4*
Kochschinken .... *80 g*
Zwiebel *1*
Gewürzgurke .... *50 g*
Mayonnaise .... *100 g*
Oliven *4*
Äpfel *1*
Salz, Pfeffer
Cherry .... *2 cl*
Zucker .... *1 TL*
Kopfsalat .... *4 Blätter*
Petersilie .... *1 kl. Bund*

Von den Tomaten den Deckel abschneiden, dann aushöhlen.
Würfel von Kochschinken, Gewürzgurke, Apfel und Olivenscheiben würzen, mit Mayonnaise binden, in die Tomaten füllen und garnieren.

Oderbrucher Bauernsuppe mit Fleischklößchen

Rinderkraftbrühe .... *3/4 l*
Kartoffeln .... *100 g*
Porree .... *1/2 Stange*
Möhren *1*
Petersilie .... *1 kl. Bund*

Porree feinblättrig schneiden, mit kleinen Würfeln von Möhren und Kartoffeln in der Brühe garen.
Zum Anrichten mit gehackter Petersilie bestreuen.

Fleischklösschen
s. Menü 24

MENÜ 14

Gefülltes Schweinefilet mit Spargel, Champignons, Erbsen, Sc. bearnaise, Mandelbällchen

GEFÜLLTES SCHWEINEFILEt

Schweinefilet .... *600 g*
Speck (fett)..................... *100 g*
Salz, Pfeffer
Röstgemüse .... *1 Bund*
Braune Brühe .... *0,5 l*
Ungesüßte Sahne .... *20 g*
Kalbfleischfarce............... *200 g*

GEMÜSE

Stangenspargel, Kräuterchampignons, Junge Erbsen, Gehackte Kräuter

SC. BEARNAISE

Unter die Sc. hollandaise eine Reduktion schlagen und mit Estragon und Petersilie vollenden.
Reduktion: Schalotten, Pfefferkörner, Thymian, Lorbeer, Essig und etwas Wasser einkochen.

MANDELBÄLLCHEN

Herstellung wie Kroketten: Unter die Kartoffelmasse geriebene Mandeln mischen und zu Bällchen formen.

Zitronendessert auf gedünstetem Weinapfel, Erdbeermus und Sahne

Äpfel.......................... *4*
Zucker .... *2 EL*
Weißwein..................... *1/2 l*
Schlagsahne .... *100 g*
Äpfel ohne Schale und Kerngehäuse in Wasser, Weißwein, Zucker und Zitrone weich garen.

MENÜ 14

ZITRONENCREME

Zitronensaft .... *von 2 Früchten*
Zucker .... *40 g*
Weißwein .... *10 cl*
Eigelb *2*
Eiklar .... *von 2 Eiern*
Blattgelatine .... *3 Blatt*
Erdbeermus .... *4 EL*
Schlagsahne .... *250 g*

Zucker, Zitronensaft und Weißwein zu Sirup kochen.
Eigelb verschlagen und den kochenden Sirup in einem Strahl unter Rühren zugießen.
Blattgelatine darin auflösen.
Schlagsahne, Eiklar und Zucker steif schlagen und unter die abgekühlte Masse ziehen.
Zitronencreme auf Weinapfel anrichten.
Mit Erdbeermus und Schlagsahne garnieren.
Minzblättchen anlegen.

Ausdruck unseres neuen Lebensstils

und eine Anschaffung fürs Leben ist die zuverlässige Komet-Küchenmaschine. Sie entlastet die Hausfrau von Arbeiten, die sonst viel Zeit und Kraft in Anspruch nehmen.
Mancherlei Spezialitäten für einen festlich gedeckten Tisch lassen sich mühelos mit ihr zubereiten — vor allem aber solche Speisen und Getränke, die nicht nur genußreich, sondern auch gesund sind.

Die zuverlässige Küchenhelferin ist mit einem unverwüstlichen 200-Watt-Allstrommotor ausgerüstet. Ihr Zubehör — Rührschüssel, Teigkneter und -rührer, Kaffeemühle und Mixer, Sahneschläger, Fleischwolf, Fruchtpresse mit Mandel- und Semmelreibe, Kartoffelschäler und -reibe sowie Gemüseschnitzler — spricht für eine vielseitige Verwendbarkeit.

Ihr Vorteil – die Küchenmaschine Komet

SCHNÄPPCHEN!!!

Einfach in das umrahmte Feld der Karte
Ihr gewünschtes Datum eintragen.
Karte mit festem Band am Lenker befestigen (Fahrrad)
oder gut sichtbar innen an der Frontscheibe ihres PKW.

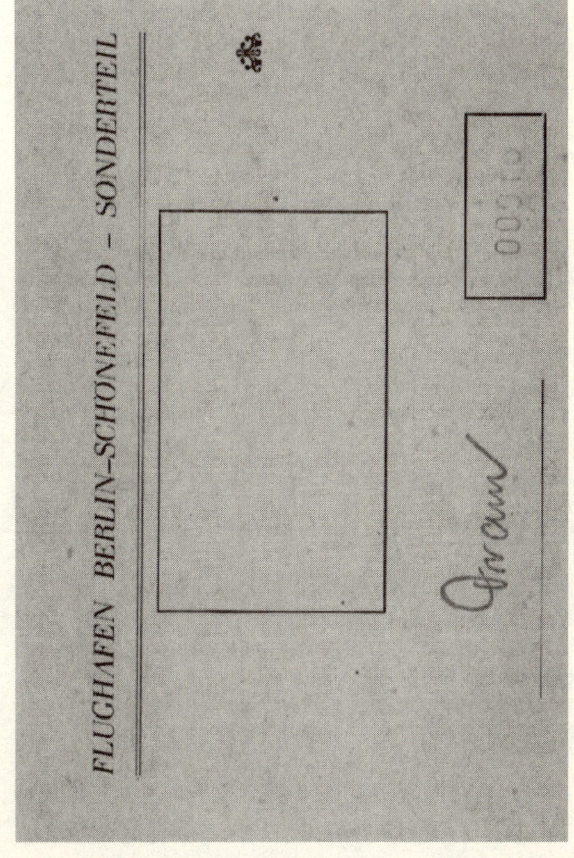

Essen mit Andreas Papandreou am 4.7.1984

Menü 15

Edellachs, Spargelspitzen, Kaviar auf Ei

Räucherlachs .... 200 g
Ketakaviar .... 4 TL
Spargelspitzen .... 8 Stück
Eier .... 8 Stück
Dill .... 1 kl. Bund
Zitrone .... 1 Stück
Butter .... 50 g
Tomaten .... 2 Stück
Eiercreme .... 100 g
Weißgebäck .... 4 Scheiben
Garnitur

Lachsscheiben zu Tütchen drehen, 1/2 Ei mit Eicreme füllen, Kaviar auflegen, marinierte Spargelspitzen anlegen und mit Tomatenrose und Dillzweigen garnieren.

Eicreme
Eigelb durch ein Haarsieb drücken, Butter unterziehen, mit Salz würzen und geschmeidig rühren.

Rinderkraftbrühe mit Leberklößchen

Rinderkraftbrühe .... 0,6 l

Leberklösschen
Schweineleber .... 100 g
Schweinekamm .... 100 g
Eingeweichtes
Weißbrot .... 3 Scheiben
Zwiebeln .... 1 Stück
Ei .... 1 Stück
Salz, Pfeffer
Majoran

Menü 15

Gehackte Petersilie
Leber und Fleisch in Stücke schneiden, Zwiebelscheiben in wenig Fett anbraten. Alle Rohstoffe und Gewürze mischen. Durch eine feine Wolfscheibe zweimal durchlassen. Petersilie zugeben, gut durcharbeiten. Klößchen formen und in Brühe garen.

Gefülltes Schweinefilet in Sahnesauce, Edelgemüse, Schwenkkartoffeln

Schweinefilet .... *600 g*
Speck (fett).................... *100 g*
Salz, Pfeffer
Röstgemüse .... *1 Bund*
Braune Brühe .... *0,5 l*
Sahne........................ *20 g*
Kalbfleischfarce .... *200 g*

Schweinefilet enthäuten und mit einem Holzlöffelstiel eine Öffnung schaffen, mit Kalbfleischfarce füllen und mit Speck abdecken. Binden, würzen und mit Röstgemüse anbraten, mit brauner Brühe auffüllen und garen. Sauce binden und mit Sahne verfeinern.

Kalbsfleischfarce

Kalbsfleisch .... *100 g*
Schweinefleischabschnitte....... *100 g*
Milch .... *1/8 l*
Weißbrot...................... *3 Scheiben*
Salz, Pfeffer
Weinbrand.................... *2 cl*
Schlagsahne................... *20 g*

Weißbrot in Milch einweichen, Fleisch und Speck kleinschneiden alles mit den Gewürzen vermengen und mehrmals durch die kleine Wolfscheibe lassen.

Menü 15

Masse durch ein Haarsieb streichen und Weinbrand und Schlagsahne unterziehen.

Edelgemüse
s. Menü 3
Zuckerschoten, Stangenspargel, Kräuterchampignons, Möhrenstifte

Schwenkkartoffeln
Salzkartoffeln in Butter mit gehackter Petersilie anschwenken.
Auf vorgewärmtem Teller anrichten. Gemüse extra reichen.

Eisschale »Praline«

Schokoeis .... *4 Kugeln*
Schlagsahne .... *100 g*
Pralinen .... *12 Stück*
Waffeln .... *4 Stück*
In hohem Glas anrichten, Eierlikör auf Eis geben.
Rosette von Schlagsahne aufspritzen
und mit Waffel und Pralinen garnieren.

Mokka, Gebackener Apfel in Blätterteig

Blätterteig .... *300 g*
Mehl für die Arbeitsfläche
Rosinen .... *1 EL*
Gehackte Mandeln (süß) .... *1 EL*
Rum .... *1 EL*
Äpfel .... *4 Stück*
Semmelbrösel .... *3 EL*
Zucker .... *1 EL*
Zimt .... *1 TL*
Eigelb .... *1 Stück*

Menü 15

Füllung: Rosinen, Zimt, gehackte Mandeln, Rum gut vermischen.Blätterteig auf der bemehlten Arbeitsfläche ausrollen und acht Teigquadrate passend zum Apfelumfang ausschneiden.
Die entkernten und geschälten Äpfel füllen und auf den Blätterteig setzen.
Mit Semmelbrösel und Zucker bestreuen.
Die Teigdecken vorsichtig hochziehen und über den Äpfeln zusammenschlagen und in der Mitte fest andrücken.
Mit Eigelb bestreichen und bei ca. 200°C 20 Minuten backen. Auf Teller anrichten.

Freundschaftsgeschenke

Breschnew will sich mit dem südlichen Nachbarn aussöhnen. In einem Spitzengespräch verspricht er, die Wirtschaftslieferungen nach China auszuweiten.
Man solle die Wünsche nur nennen.
Der chinesische Kollege zählt auf: »10 000 Lastkraftwagen, 300 000 Fahrräder, 500 000 Staubsauger und 1 Million Doppelzentner Reis ...«
Da unterbricht Breschnew: »Reis ist gestrichen. Der wächst in der DDR nicht.«

Menü 16

Putensaftschinkenröllchen auf Waldorfsalat

Waldorfsalat

Äpfel .... *3 Stück*
Sellerie .... *1/2 Knolle*
Walnußkerne .... *50 g*
Mayonnaise .... *100 g*
Schlagsahne .... *50 g*
Zitronensaft .... *1 EL*
Zucker
Salz, Pfeffer

Äpfel und Sellerie in feine Streifen schneiden, Mayonnaise und Schlagsahne darunterziehen und würzen.
Auf Teller anrichten und mit Walnußkernen garnieren.

Putensaftschinken
(dünne Scheiben).............. *150 g*
Sahnemeerrettich.............. *4 TL*
Gefüllte Oliven............... *4*
Orangen *1*
Waldorfsalat .... *400 g*
Brotauswahl
Butter........................ *80 g*

Putensaftschinkenscheiben mit Sahnemeerettich bestreichen und zusammenrollen. Auf Waldorfsalat anrichten, mit Orangenscheibe und gefüllter Olive garnieren.

Tomatensuppe »Berliner Art«

Wurzelgemüse .... *1 Bund*
Zwiebel..................... *1*
Knoblauch .... *2 Zehen*
Tomatenmark .... *100 g*

MENÜ 16

Mehl .... *3 EL*
Speck (mager) .... *50 g*
Butter .... *20 g*
Brühe .... *0,8 l*
Salz, Pfeffer
Zitronensaft .... *1 EL*
Zucker .... *20 g*

Mageren Speck und Wurzelgemüse würfeln, mit Zwiebeln anbraten. Tomatenmark dazugeben und anschwitzen, mit Mehl anstäuben und mit Brühe auffüllen, würzen und abschmecken.
Als Einlage geröstete Weißbrotwürfel nehmen.

Kaßlerrauchrücken in Madeira
Edelgemüse, Spritzkartoffeln

KASSLERRÜCKEN IN MADEIRA

Kaßlerrücken .... *600 g*
Zwiebel .... *1 Stück*
Röstgemüse .... *1 Bund*
Salz, Pfeffer
Kraftsauce .... *0,5 l*
Rotwein .... *1 Glas*
Kartoffelstärke .... *2 EL*

Kaßlerrücken mit der Fettseite nach unten in Wasser ansetzen und bei ca. 200 °C anbraten. Zwiebeln und Röstgemüse mit anbraten und garschmoren.
Den Bratfond mit Rotwein ablöschen und reduzieren. Mit Kartoffelstärke binden.

EDELGEMÜSE
s. Menü 3

MENÜ 16

SPRITZKARTOFFELN
Auf vorgewärmtem Teller Spritzkartoffeln aus Kartoffelpüree mit Spritzsack auftragen und Fleisch anrichten.
Edelgemüse auf Platte extra servieren.

Erdbeeren mit Vanilleeis und Schlagsahne

Frische Erdbeeren .... *200 g*
Vanilleeis .... *8 Kugeln*
Schlagsahne .... *100 g*
Waffel und Minze zur Garnitur, auf gekühltem Teller anrichten.

Mokka, Makronenfours

verschiedene Sorten

Fleischgerichte:	M
Geschmorte Schweinehaxe mit Sauerkraut und Zwiebelkartoffeln	5,35
Rinderroulade mit Champignonsauce, Apfelrotkohl, Kartoffelklöße	6,30
Schweinesteak mit Würzfleisch überbacken, Mandelbällchen, Blumenkohlsalat mit Ei	7,35

Spezialitäten aus der CSSR:	
Rindersahnegulasch, Böhmische Knödel, Apfelrotkohl	4,15
Geschmortes Rindersteak mit Zwiebeln, Böhmische Knödel, Sellerie-Apfelsalat	4,85
Schweinesteak mit Schinken und Käse, böhmische Knödel, Möhren-Apfel-Salat	5,45
Brünner Schnitzel, pommes frites, Blumenkohlsalat mit Ei	5,40

Kalte Gerichte:	
Heringssalat auf Apfelscheiben, Weißbrot	1,60
2/2 Weinäpfel mit mariniertem Hühnerfleisch, Butter und Toast	3,05
Rindfleischsalat mit Weißbrot	2,15
Geflügelsalat mit Wachtelei und Südfrüchten, Butter und Toast	4,20
Brathähnchen kalt mit Orangenscheiben, Butter und Brot	3,60
Elsässer Käsesalat mit Butter und Toast	2,35
Thüringer Magerkäse mit Zwiebeln, Gänsefett und Brot	1,10

Patisserie:	
Eismokka mit Schlagsahne	2,30
Gemischtes Eis mit Schlagsahne	2,15
Gemischtes Eis mit Früchten ohne Schlagsahne	1,55
…kler-Halbgefrorenes mit Schlagsahne	2,55
Schwedeneisbecher mit Schlagsahne und Schokosplitter	2,85
Mandel-Nougat-Parfait mit Schlagsahne	3,65
Apfelkompott	0,60
Apfelmus	0,55

Unsere Eisspezialitäten werden auf der Basis Streicheis/Vollmilch/Ei hergestellt.

Gültig ab 17. 11. 1979 – Preisstufe III
Warme und kalte Küche von 11.30 bis 17.00 Uhr
Ab 17.00 Uhr entnehmen Sie bitte Speiseangebot der Abendkarte

Essen mit Sportlern am 31.8.1984

Menü 17

Pikante kalte Speisen

Lachsschinken mit Spargel

Lachsschinken .... 120 *g*
Spargel .... 4 *Stangen*
Essig-Öl-Kräutermarinade ..... 1/8 *l*
Eiercreme .... 100 *g*
Petersilie
Gefüllte Olive .... 2 *Stück*

Lachsschinkenscheiben zu Taschen formen und mit mariniertem Spargel füllen, mit Aspik bestreichen. Mit Eiercreme, Olive und Petersilienröschen garnieren.

gefüllte Eier mit Lachscreme

Eier .... 2 *Stück*
Eigelb 4
Butter .... 70 *g*
Räucherlachs .... 20 *g*
Zitronensaft .... 1 *TL*
Mayonnaise .... 20 *g*
Salz, Pfeffer, Dill
Kapern .... 1 *TL*

Gekochte Eier halbieren, Eigelb und Lachs durch ein Haarsieb drücken. Mayonnaise, Butter, Eigelb zu einer cremigen Füllung verarbeiten. Lachspüree unterziehen, würzen und auf halbiertes Ei aufspritzen. Mit Lachsstreifen, Kapern und Dill garnieren.

marinierter Pfirsich mit Geflügelsalat

Pfirsichhälften .... 4 *Stück*
Gekochtes Hühnerfleisch 150 *g*
Äpfel .... 1/2 *Frucht*
Ananas .... 1/2 *Frucht*
Mandarinenfilets .... 8 *Stück*
Salz
Zitronensaft .... 1 *TL*

Menü 17

Mayonnaise .... *20 g*
Belegkirsche .... *4 Stück*
Kleine Würfel vom Hühnerfleisch, Äpfel, Ananas und Mandarinen mit Salz und Zitronensaft abschmecken und mit Mayonnaise binden.
Mit Belegkirsche garnieren.

Kasslerrückenbraten mit Sahnemeerettich
Kaßlerrückenbraten, Meerrettich, ungesüßte Sahne, Salz, Zitrone, Zucker, Gurke, Tomate, Petersilie
Tranchen vom Kaßlerrücken mit Sahnemeerettich belegen, zusammenklappen.
Mit Gurke, Tomate und Petersilie garnieren.

Käsevariationen
Camembert, Brie, Roquefort,Schnittkäse, Harzer, Kräuterquark, Schillerlocken, Radieschen, Friseesalat, Trauben
Käse in Scheiben oder Achtel schneiden, ansprechend anlegen und garnieren.

Frischkostsalat, Gurkensalat, Tomatensalat, Paprikasalat, Blattsalat
Salate anrichten und Salatsaucen, Marinaden und Dressings bereitstellen.

Warm Serviert

Broilerstücken
Brathähnchen .... *1 Stück*
Butter .... *60 g*
Salz, Pfeffer
Hähnchen waschen, trocknen, würzen und in Butter braten.
Anschließend ausbrechen und portionieren.

Essen mit Sportlern am 31.8.1984

Menü 17

Grillwürstchen in Grillsauce

Bratwürstchen .... 8 *Stück*
Öl .... 2 *EL*
Tomatenketchup .... 150 *g*
Chili .... 1 *Messerspitze*
Curry .... 1 *TL*

Bratwürstchen in Öl braten und mit der Sauce aus Ketchup, Chili und Curry gemischt anrichten.

Desserts

Kirschcreme

Zucker .... 40 *g*
Eigelb 2
Kirschsaft .... 0,2 *l*
Entsteinte Kirschen .... 100 *g*
Schlagsahne .... 100 *g*

Zucker, Kirschsaft und Eigelb aufkochen, abkühlen lassen, entsteinte Kirschen dazu geben und Schlagsahne unterziehen.
In Weingläser abfüllen.

Moccacreme

Milch .... 3/4 *l*
Zucker .... 100 *g*
Vanillezucker .... 1 *TL*
Mokka .... 1/4 *l*
Eier .... 3 *Stück*
Gelatine .... 12 *Blatt*
Schlagsahne .... 100 *g*
(für 10 Personen)

Milch, Zucker und Vanillezucker kochen. Eigelb und Kaffee verrühren und zur Milch geben. Aufgeweichte Gelatine dazugeben.
Unter die abgekühlte Creme Schlagsahne ziehen,

Menü 17

abfüllen und mit Sahnehäubchen und Kaffeepulver garnieren.

Zum Kaffee

Fruchtringe

Mürbeteigringe .... *4 Stück*
Früchte .... *200 g*
Tortenguß .... *2 Beutel*

Fruchtstückchen auf den Mürbeteigringen anrichten und mit Tortenguß begießen.

Kirsch-Sahne-Dessert

Windbeutel .... *4 Stück à 50 g*
Entsteinte Kirschen .... *100 g*
Schlagsahne .... *100 g*
Puderzucker .... *1 TL*

Windbeutel aufschneiden, mit Kirschen füllen und geschlagene Sahne aufspritzen.
Deckel aufsetzen und mit Pudelzucker bestäuben.

MENÜ 18

Gurken- und Tomatenstreifen mit Kräutermarinade, Ei und Zungenstreifen

Grüne Gurke .... *100 g*
Tomaten *2*
Petersilie .... *1 Bund*
Dill .... *1 Bund*
Schnittlauch .... *1 Bund*
Essig .... *1 EL*
Öl .... *1 EL*
Salz ....
Eier .... *1 Stück*
Gepökelte Rinderzunge .... *200 g*

Die Rinderzunge in feine Streifen schneiden. Gurken- und Tomatenstreifen mit gekochten Eischeiben und Zungenstreifen anrichten. Mit der Kräutermarinade (kleingehackte Kräuter mit Essig und Öl vermischt) überziehen.

Hühnercurrysuppe mit Schaumklößchen

Hühnercurrysuppe
Hühnerbrühe .... *0,6 l*
Butter .... *50 g*
Mehl .... *2 EL*
Salz, Pfeffer, Curry
Trockener Weißwein .... *2 EL*
Ungesüßte Sahne .... *20 g*

Mehlschwitze mit Hühnerbrühe auffüllen, durchkochen, mit Sahne binden und mit Curry und Weißwein abschmecken.

ESSEN MIT AKTIVISTEN AM 2.10.1984

MENÜ 18

SCHAUMKLÖSSCHEN

Weizenmehl, Eier, Vollmilch, Salz, Muskat
Ungesüßte Sahne, Gehackte Kräuter

Das gesiebte Mehl unter die Vollmilch rühren, Butter und Kräuter zugeben und unter Rühren zum Kochen bringen. Klößchen abstechen und in kochendem Salzwasser garziehenlassen.

Gespickte Rindslende mit überbackenen Champignons und Petersilienkartoffeln

GESPICKTE RINDSLENDE

Rindslende .... *600 g*
Speck (fett) .... *100 g*
Salz, Pfeffer
Öl .... *2 EL*

Zubereitung *s. Menü 8*, gespickte Rindshüfte

ÜBERBACKENE CHAMPIGNONS

Frische Champignons *1000 g*
Butter .... *50 g*
Mehl .... *3 EL*
Gehackte Kräuter .... *2 EL*
Salz, Pfeffer
Zitronensaft .... *1 EL*
Sc. hollandaise .... *150 g*
Geriebener Emmentaler .... *100 g*

Auf vorgewärmtem Teller die überbackenen Champignons teilweise auf dem Fleisch anrichten.
Als Garnitur Kopfsalat und Tomatenröschen.

PETERSILIENKARTOFFELN *s. Menü 3*

Menü 18

Dessert

Apfelschaumspeise mit Schokoraspeln

Apfelmus .... *600 g*
Schlagsahne .... *250 g*
Blattgelatine .... *3 Blatt*
Zucker, Zimt .... *150 g*
Rosinen .... *30 g*
Schokoraspeln

Gekühltes Apfelmus mit Schlagsahne vermengen, aufgeweichte und erwärmte Gelatine unterziehen und in Gläser gießen.
Mit Schlagsahne, Zimt, Schokoraspeln garnieren.

Mokka
Feingebäck

Mandelgebäck, Teeplätzchen, Nußprinten, Honigplätzchen

HERBEI ZUM WARMEN BRÜDERLICHEN EMPFANG

TEILNAHME=ARBEITSBEFREIUNG

r Gen... rpartei
d Vors... publik,

Genosse Károly Grósz,

ffft am Donnerstag, dem 8. September 1988, zu einem offiziellen
eundschaftsbesuch in der Deutschen Demokratischen Republik ein.

n Berlin-

Der Generalsekretär des Zentralkomitees der Bulgarischen Kommunistischen Partei und Vorsitzende des Staatsrates der Volksrepublik Bulgarien,

Genosse Todor Shiwkow,

beendet am Donnerstag, de... Freundschaftsbesuch in der Deuts...

sischen Partei de
Staatschef und Vorsitzender de
Kongo,

im Yhomby-Opango,

taatsdelegation der Volksrepublik
4. Oktober 1977, seinen offiziellen
hen Demokratischen Republik.

0 Uhr auf dem Flughafen Berlin-

Herr Christos Sartz

nnerstag, dem 18. Septemb
lin, Hauptstadt der Deuts

dung findet um 14.30 Uhr a
derteil, statt.

0 Uhr

Der Cl

echtigt zum Betreten des Flughafer

Eintrittskarten zu enthusiastisch-brüderlichen Empfängen, zu denen sich die begeisterte Bevölkerung spontan drängte! Schwarzmarktpreis: einsfuffzig MDN

Die Partei- und Staatsdelegation der Sozialistischen Republik Rumänien unter Leitung des Generalsekretärs der Rumänischen Kommunistischen Partei und Präsidenten der Sozialistischen Republik Rumänien,

Genossen Nicolae Ceausescu

beendet am Donnerstag, dem 30. Mai 1985, den offiziellen Freundschaftsbesuch in der Deutschen Demokratischen Republik.

Die Verabschiedung findet um 16.30 Uhr auf dem Flughafen Berlin-Schönefeld, Sonderteil, statt.

Anfahrt bis 16.00 Uhr

Der Chef des Protokolls

Diese Karte berechtigt zum Betreten des Flughafens Berlin-Schönefeld, Sonderteil

Essen mit sowjetischen Freunden am 6.5.1985

Menü 19

Edellachstütchen mit Spargel, Ei und Kaviar

Edellachstütchen

Räucherlachs .... *200 g*
Sahnemeerrettich .... *4 TL*
Toast .... *4 Scheiben*
Butter .... *80 g*
Dillspitzen

Toastscheiben mit Butter bestreichen, Sahnemeerrettich auf Räucherlachsscheiben geben, zu Tütchen drehen und auf Toast anrichten. Mit Dillspitzen garnieren.

Ei und Kaviar *s. Menü 15*

Klare Ochsenschwanzsuppe, Chesterstangen

Ochsenschwanzsuppe *s. Menü 5*
Chesterstangen: Fertigprodukt

Kalbsfleischröllchen in Sahnensauce, Butterbohnen, Möhrenstreifen, Petersilienkartoffeln

Kalbsfleischröllchen

Kalbsnuß .... *600 g*
Röstgemüse .... *1 Bund*
Salz, Pfeffer
Braune Brühe .... *1/2 l*
Butter .... *200 g*
Kalbsfleischfarce s. Menü 15 ... *200 g*
Gewürzgurke .... *4 Stück*
Ungesüßte Sahne .... *50 g*

MENÜ 19

Aus der Kalbsnuß Scheiben schneiden, plattieren, würzen, mit Senf bestreichen, Gewürzgurkenstreifen einlegen und mit Farce bestreichen.
Zusammenrollen und binden.
In Butter anbraten, Röstgemüse zugeben, rösten lassen, mit brauner Brühe angießen und schmoren lassen.
Schmorfond passieren, binden und mit Sahne abschmecken. Pro Portion zwei Röllchen.

BUTTERBOHNEN

Grüne Bohnen .... *500 g*
Salz, Pfeffer
Butter .... *100 g*
Gehackte Petersilie .... *1 kleines Bund*

Grüne Bohnen in Salzwasser kochen, abtropfen, in Butter anschwenken und mit Salz und Pfeffer würzen. Mit Petersilie bestreuen und mit brauner Butter übergießen.
Auf vorgewärmtem Teller anrichten.
Gemüse extra reichen.

MÖHRENSTREIFEN

Möhren .... *500 g*
Salz
Zucker .... *20 g*
Butter .... *50 g*

Möhrenstreifen in Salzwasser kochen, abtropfen lassen, in Butter schwenken und mit Salz und Zucker würzen.

PETERSILIENKARTOFFELN

s. Menü 3

Menü 19

Dessert

Nougatparfait mit heisser Himbeersauce

Eigelb
Läuterzucker
Ungesüßte Sahne
Nougatcreme

Eigelb mit Läuterzucker erst warm,
dann kalt schlagen, Nougatcreme zugeben
und Schlagsahne unterziehen,
in hohe Gläser füllen und gefrieren.

Himbeersauce

Himbeeren .... *250 g*
Zucker .... *100 g*
Zitronenlikör .... *4 l*
Stärke .... *2 EL*

Himbeeren mit Zucker aufkochen, mit Zitronenlikör vermengen und mit Stärke leicht binden.

Mokka
feines Gebäck

ZU MENÜ 26

ADN-ZB/Thieme- /11.10.88/mü/Karl-Marx-Stadt:Batmunch-Besuch/Der Generalsekretär des ZK der MRVP und Vorsitzende des Präsidiums des Großen Volkshurals der MVR, Shambyn Batmunch (l.), besuchte die Milchviehanlage Wittgensdorf der Kooperation Röhrsdorf. Die Anlage hat eine Kapazität von 1.230 Tieren. Er wurde begleitet von Siegfried Lorenz, Mitglied des Politbüros des ZK und 1. Sekretär der Bezirksleitung Karl-Marx-Stadt der SED (2.v.l.), von Siegfried Rehwagen (3.v.l.), Direktor des VEG Tierproduktion, und von Horst Dohlus (4.v.l.), Mitglied des Politbüros und Sekretär des ZK der SED. 1988/1011/22 N

* *Generalsekretär des ZK der MRVP und Vorsitzender des Präsidiums des Großen Volkshurals der Mongolischen Volksrepublik*

Menü 20

AUSERWÄHLTE KALTE SPEISEN

Garnierte Fasanenbrust auf Waldorfsalat

Fasanenbrust
Waldorfsalat (s. Menü 7)
Salz, Pfeffer, Butter, Garnitur

Fasan waschen, trocknen, würzen und in Butter braten. Abkühlen lassen, Brust auslösen. Tranchen schneiden und auf Waldorfsalat anrichten und garnieren.

Rehmedaillon mit Früchten

Rehrücken
Öl, Salz, Pfeffer, Mandarinenfilet, Belegkirsche

Rehmedaillons schneiden, würzen und braten. Abkühlen lassen und mit Mandarinenfilet und Belegkirsche nappieren.

Schinkenröllchen mit Spargel

Kochschinken, Butter, Toast, Marinierter Spargel, Petersilie, Aspik, Blattsalat

Toast rechteckig schneiden, mit Butter bestreichen. Salatblatt auflegen und Spargel in Schinkenscheibe zu Tütchen drehen und je Toast zwei Tütchen auflegen und garnieren.

Pfirsiche mit Thunfischsalat

Pfirsichhälften, Thunfisch, Apfel, grüne Gurke, Champignons, Salz, Pfeffer, Mayonnaise, Zitrone, Dillzweig

Thunfisch zerpflücken, Apfel und grüne Gurke in feine Würfel, Champignons in feine Scheiben schneiden, würzen und alles mit Mayonnaise binden. Thunfischsalat in Pfirsichhälfte füllen, mit Dillzweig und Zitrone garnieren.

MENÜ 20

GAUMENFREUDEN AUS DER WARMEN KÜCHE

Pikant-würziges Schweinefilet in Blätterteigkruste

SCHWEINEFILET
Blätterteig, Duxelles, Salz, Pfeffer, Eigelb, Öl

Schweinefilet würzen und kurz von allen Seiten anbraten. Abkühlen lassen. Blätterteig rechteckig ausrollen, mit Eigelb bestreichen und trockene Duxelles aufstreichen. Filet auf den Teig auflegen. Überschlagen und Teigenden fest andrücken. Auf ein Blech geben, mit Eigelb bestreichen und backen.

Putenbrust »Bördeland«

Putenbrust .... *2 Stück*
Bauchspeck .... *100 g*
Möhren .... *2 Stück*
Sellerie .... *1/2 Knolle*
Porree .... *1/2 Stange*
Tomatenmark .... *2 EL*
Butter .... *50 g*
Weißwein .... *0,2 l*
Sahne .... *50 g*
Gehackte Petersilie

Putenbrust würzen und in Butter und ausgelassenen Speckwürfeln anbraten. Mit verdünntem Tomatenmark übergießen und mit Weißwein ablöschen.
Feine Streifen von Möhren, Porree und Sellerie in Butter anschwitzen.
Nach halber Garzeit den Gemüseansatz zur Putenbrust geben und alles zusammen garen lassen. Mit Sahne verfeinern und mit gehackter Petersilie bestreuen.

Essen zum 36. Jahrestag der DDR am 7.10.1985

Menü 20

Kleine Kalbssteaks mit Schinken und Käse

Kalbsrücken oder Keule, Salz, Pfeffer, Öl, Mehl, Kochschinken, Schnittkäse, Zitronenecke, Salzgebäck
Kalbssteak schneiden, klopfen, würzen, mehlieren und braten. Mit Kochschinken und Käse belegen und überbacken. Mit Zitronenecken und Salzgebäck garnieren.

Kaßlerrückenbraten mit Eifüllung

Kasslerrücken
Kaßlerrücken in Wasser ansetzen, nach der Hälfte der Garzeit herausnehmen und in der Mitte aushöhlen.

Füllung
Weißbrot, Eier, Sahne, Zwiebeln, Kräuter, Salz, Pfeffer
In Sahne eingeweichtes Weißbrot, gekochte und gehackte Eier, angeschwitzte Zwiebelwürfel und gehackte Kräuter mit Salz und Pfeffer würzen und zu einer Masse verarbeiten. In den ausgehöhlten Kaßlerrücken fest eindrücken und fertig garen. Zum Anrichten tranchieren und garnieren.

AUS DER PALASTBÄCKEREI

Knusprige Brötchen, Gewürzhörnchen, Kümmelstangen, Mohnzöpfe, Schusterjungs

AUS UNSERER PATISSERIE

Meisterspezialität »Charlotte Havelland«

(Mit Backwerk umgebene Cremespeise)

Menü 20

Füllung

Erdbeeren	
oder Erdbeermus	*250 g*
Schlagsahne	*1/2 l*
Blattgelatine	*9 Blatt*
Eier	*2 Stück*
Zucker	*100 g*

Halbkugelform mit in Scheiben geschnittener Biskuitrolle auslegen. Erdbeersahnecreme mit frischen Erdbeeren in die Form füllen. Biskuitscheiben als Abschluß obenauf legen. Drei Stunden kühlen, dann stürzen, portionieren, mit Erdbeeren und Sahne garnieren.

Menü 21

Lachsmedaillon in Dillaspik, Gefülltes Ei, Remoulade

Lachsmedaillon

Lachsfilet, Butter, Fischfond,Fischaspik, Dill, Zitrone, Tomate,grüne Gurke

Aus den enthäuteten und grätenfreien Filets Medaillons schneiden, leicht salzen und in einer gebutterten Form mit wenig Fischfond dünsten.
Im Fond erkalten lassen.
Abtropfen und in entsprechend dekorierter ausgegossener Form einsetzen.
Mit Fischaspik übergießen, erstarren lassen und stürzen. Anrichten und garnieren.

Fischaspik

Fischfond, Fischfleisch, Eiklar, Wurzelgemüse, Weißwein, Aspik oder Blattgelatine

Fischfond mit Fischfleisch,
Eiklar und Wurzelgemüse klären,
mit Weißwein abschmecken
und Probe kaltstellen.
Eventuell Gelatine zugeben.

Gefülltes Ei

Eier, Butter, Salz, Pfeffer, Tomaten,Kopfsalat, Petersilie, Senf

Hartgekochte Eier halbieren, Eigelb durch ein Haarsieb drücken. Butter, Senf und die Gewürze unterziehen und zu einem glatten Brei verrühren.
Die Masse in die Eihälften spritzen und garnieren.
Remoulade als Fertigprodukt extra reichen.

Perlhuhnkraftbrühe mit Leberknödel

Perlhuhnkraftbrühe *s. Menü 8*

Leberknödel *s. Menü 24*

Menü 21

Gefülltes Rinderfilet »Gärtnerin Art«, Macairekartoffeln

Gefülltes Rinderfilet

Rinderfilet .... *500 g*
Speck, fett .... *100 g*
Zwiebel .... *1 Stück*
Salz, Pfeffer, Öl
Braune Kraftsauce .... *1/4 l*
Getrocknete Steinpilze .... *10 g*
Eiklar .... *3 Stück*
Lauch (fein geschnitten) *50 g*

Rinderfilet seitlich aufschneiden, klopfen, würzen. Fleischfüllung herstellen: Pilze kurz wässern, abtropfen und mit Rinderfiletabschnitten wolfen, mit Eiklar und Lauch mischen, würzen. Masse gleichmäßig auftragen. Zusammenrollen, binden und mit Röstgemüse anbraten, mit brauner Kraftsauce angießen und mit Sahne abrunden.

Gärtnerin Art

Weiße Rübchen .... *8 Stück*
Möhren .... *3 Stück*
Grüne Bohnen .... *200 g*
Grüne Erbsen .... *200 g*
Blumenkohl .... *1 Stück*
Sc. hollandaise .... *100 g*
Salz
Zucker .... *1 EL*
Butter.................... *100 g*
Gehackte Petersilie .... *1 Bund*

Gemüse bißfest garen, mit Butter anschwenken, dazu Sc. hollandaise reichen.

Macairekartoffeln

Kartoffeln.................... *600 g*

Butter .... *30 g*
Kochschinken .... *50 g*
Salz, Muskat
Gekochte Kartoffeln pürieren, mit Butter vermengen, würzen und kleine angebratene Kochschinkenwürfel dazugeben.
Wie kleine Eierkuchen formen und ausbacken.

Zitroneneisschale

Zitroneneis .... *8 Kugeln*
Ananasstücke .... *200 g*
Arrak .... *4 cl*
Makrone .... *4 Stück*
Schlagsahne .... *100 g*
In Arrak getränkte Ananasviertel auf das Zitroneneis anrichten und mit Makrone und Schlagsahne garnieren.

Mokka, Mohntörtchen

Mohntörtchen-Teig
Mehl .... *250 g*
Hefe .... *20 g*
Zucker .... *25 g*
Butter .... *40 g*
Ei .... *1 Stück*
Milch (lauwarm)
Abgeriebene Zitrone
Hefeteig herstellen, zu einer Rolle formen, Scheiben zu 50 g abschneiden, Törtchen formen und den Rand andrücken.

MENÜ 21

QUARKBELAG

Butter .... *30 g*
Zucker .... *90 g*
Quark .... *250 g*
Eigelb *1*
Eiklar *1*
Stärke .... *15 g*
Rum .... *2 cl*

Butter und die Hälfte vom Zucker cremig rühren,
Quark zugeben und glattrühren.
Eigelb, Stärke und Rum untermischen.
Das Eiklar steifschlagen und mit dem Rest Zucker unterheben.

MOHNBELAG

Milch .... *1/4 l*
Gemahlener Mohn .... *100 g*
Zucker .... *50 g*
Semmelbrösel .... *25 g*
Butter für das Backblech
Eigelb zum Bestreichen
Pflaumenmus
Aprikosenmus
Blättrige süße Mandeln

Die Milch kochen, über Mohn, Zucker, Semmelbrösel geben und unter Rühren erneut aufkochen. Einrieseln lassen und unter die Quarkmasse heben.
Ausbacken.
Quark-Mohnbelag auf die Törtchen verteilen, in die Mitte etwas Pflaumenmus geben und bei 200° C 20 bis 25 Minuten backen.
Leicht abkühlen lassen und mit Aprikosenmus und Mandeln bestreichen.

MENÜ 22

Vorspeisen

HAVELLÄNDER RÄUCHERAALFILETS AUF TOAST

Räucheraal .... 200 g
Toastscheiben 4
Kopfsalat .... 4 Blätter
Zitronenbutter .... 20 g
Petersilie .... 1 Bund
Sahnemeerettich .... 50 g
Gemüsepaprika .... 1/2 Schote

Toast mit Zitronenbutter bestreichen, Salatblatt auflegen, Räucheraalfilets passend anordnen. Sahnemeerrettichstern aufspritzen und mit Paprika und Petersilie garnieren.

GARNIERTES SCHWEINELENDENSCHNITTCHEN

Schweinefilet .... 200 g
Salz, Pfeffer
Butter .... 80 g
Toast .... 4 Scheiben
Kopfsalat .... 4 Blätter
Gewürzgurke .... 2 Stück
Tomate .... 2 Stück
Petersilie .... 1 Bund

Toast mit Butter bestreichen, mit Salatblatt belegen, Lendenschnittchen auflegen und mit Gurkenfächer, Tomatenachtel und Petersilie garnieren.

REHRÜCKENPASTETE MIT SCHWARZEN JOHANNISBEEREN

Rehrücken .... 100 g
Kalbfleisch .... 100 g
Schweinefleisch .... 100 g
Salz, Pfeffer, Pastetengewürz
Sahne .... 100 g
Schinkenwürfel .... 30 g
Rehfilet .... 150 g

Menü 22

Pistazien .... *30 g*
Speck (fett)..................... *100 g*
Weinbrand.................... *1 EL*
Pastetenteig
Außer Rehfilet alles Fleisch fein durchlassen und würzen. Sahne und Weinbrand zugeben. Schinkenwürfel und Pistazien darunterheben und kühl stellen. Rehfilet anbraten und in Speck einrollen. Pastetenform mit Teig und Speck auslegen, Farce bis zur Hälfte auffüllen. Rehfilet dazugeben, Farce bis oben auffüllen und mit Speck belegen. Teigdeckel auflegen und zumachen. Zwei Kamine aus Alufolie einarbeiten und bei 250 °C 50 bis 60 Minuten backen. Auskühlen lassen, in Scheiben schneiden und mit schwarzen Johannisbeeren anrichten.

Salat und Cocktails

Spargelcocktail
Spargelstücke.................. *200 g*
Tomatenfilets.................. *2 Tomaten*
Kopfsalat...................... *4 Blätter*
Essig-Öl-Kräutersauce .... *1/8 l*
Salz, Pfeffer, Zucker
Fein geschnittenen Kopfsalat in ein Glas geben, Spargelstücke und Tomatenfilets schichtweise anrichten, Essig-Öl-Kräutersauce darüber gießen und mit einem Dillzweig garnieren.

Fruchtsalat s. *Menü 12*

Schinkencocktail
Grüne Gurke................... *50 g*
Kochschinken .... *100 g*
Pfirsich........................ *50 g*
Tomatenmark .... *2 EL*

Menü 22

Mayonnaise .... 50 g
Kopfsalat .... 1 Kopf
Gefüllte Oliven .... 4 Stück
Salz, Pfeffer, Zucker
Zitronensaft .... 1 EL

Feine Würfel vom Kochschinken, Gurke und Pfirsich vermengen. Feingeschnittenen Kopfsalat in ein Glas geben und schichtweise Würfel und Kopfsalat anrichten.
Mit Tomatenmayonnaise überziehen, mit Oliven und Dillzweig garnieren.

Würziger Heringssalat

Heringsfilets .... 200 g
Sellerie .... 100 g
Apfel 1
Gekochte Kartoffel 1
Zwiebeln 2
Gewürzgurke 2
Salz,
Pfeffer
Senf .... 1 TL
Zitronensaft .... 1 EL

Heringsfiletstreifen mit feinen Würfeln von Äpfeln, Sellerie, gekochten Kartoffeln, Zwiebeln und Gewürzgurke mischen, mit Senf, Salz, Pfeffer und Zitronensaft würzen,
mit Eivierteln und Gemüsefächern garnieren.

Warm serviert

Gefüllte Geflügelbrust auf Ananaskraut

Hähnchenbrust .... 4 Stück
Hühnerfarce .... 200 g
Butter .... 30 g

Menü 22

Ananaswürfel
und Saft .... *100 g*
Zwiebel .... *1 Stück*
Speck (fett)..................... *60 g*
Sauerkraut .... *600 g*

Hähnchenbrust aufschneiden, die Tasche mit Hühnerfarce füllen, schließen und in Butter dünsten. Sauerkraut waschen, mit ausgelassenem Speck und in Butter gedünsteten Zwiebelwürfeln mit etwas Weißwein oder Brühe ansetzen und kochen. Zum Schluß Ananassaft und Würfel zugeben und aufkochen.
Hähnchenbrust auf dem Ananaskraut anrichten

Kokoseis mit Mokkasahne

Kokoseis .... *8 Kugeln*
Mokkasahne .... *100 g*
Kandierte Kirschen .... *4 Stück*
Makrone .... *4 Stück*
Minzblättchen *4*

Kokoseis anrichten. Mokkasahne aufspritzen und mit Makrone, kandierter Kirsche um Minzblättchen garnieren.

Kaffee

Schon wieder Essen mit Frauen am 8.3.1987

Menü 23

Vorspeisen und Salate

Geflügelsalat mit Sahnemeerrettich

Hühnerfleisch .... *200 g*
Champignon .... *50 g*
Sellerie .... *50 g*
Gewürzgurken .... *2 Stück*
Mayonnaise .... *100 g*
Meerrettich .... *2 EL*
Salz
Zitronensaft .... *1 EL*
Zucker .... *1 TL*
Worchestersauce .... *1 TL*
Sahne .... *20 g*

Hühnerfleischstreifen, geraspelter Sellerie, Gurkenwürfel, Champignonscheiben mit Mayonnaise binden und mit Salz, Zucker, Zitrone, Worchestersauce und Meerrettich würzen.

Wildmedaillons mit Früchten garniert

Hirschrücken .... *800 g*
Salz, Pfeffer
Öl .... *2 EL*
Mandarinenfilets .... *4 Scheiben*
Kandierte Kirschen .... *4 Stück*
Fleischaspik .... *1/8 l*

Medaillons braten, mit Aspik überziehen und mit den Früchten garnieren.

Marinierte Edelpilze

Champignons .... *200 g*
Zitronensaft .... *1 EL*
Essig .... *1 EL*
Öl .... *50 g*
Zwiebel .... *1 Stück*
Salz, Pfeffer

Menü 23

Zucker .... *1 TL*
gehackte Petersilie .... *2 EL*

Champignons kochen, abkühlen lassen und feinblättrig schneiden. Mit den anderen Zutaten marinieren und mit gehackter Petersilie bestreuen.

Kräuterheringsfilet auf Apfeltranche

Kräuterheringsfilet .... *400 g*
Zwiebel .... *100 g*
Äpfel .... *1/2 Frucht*
Zitronensaft .... *1 EL*
Petersilie .... *1 Bund*

Geschälte Apfeltranche mit Zitronensaft beträufeln. Heringsfilet wie eine Schleife auflegen und mit Zwiebelring und Petersilie garnieren.

Früchte in Curaçao

Ananas .... *150 g*
Pfirsiche .... *150 g*
Erdbeeren .... *150 g*
Mandarinenfilets .... *150 g*
Curaçao .... *4 cl*

Früchte würfeln und mit Curaçao marinieren, mit Sahnetupfer und kandierter Kirsche mit Stiel in Gläsern anrichten.

Warm serviert

Kalbsfleischröllchen

Kalbskeule .... *200 g*
Roher Schinken .... *100 g*
Schnittkäse .... *20 g*
Spinatblätter, Salz, Pfeffer
Öl .... *2 EL*

Menü 23

Braune Brühe .... *0,5 l*
Butter .... *20 g*
Sahne .... *50 g*

Fleisch schneiden, klopfen, würzen, rohen Schinken, Schnittkäse und blanchierte Spinatblätter auflegen und zusammenrollen. Röllchen mit Nadel befestigen und in Öl anbraten. Mit brauner Brühe auffüllen und garen lassen. Sauce mit Butter und Sahne binden.

Putenschnitzel mit Rahmchampignons

Putenbrust .... *100 g*
Salz, Pfeffer
Butter .... *20 g*
Ei .... *1 Stück*
Semmelmehl .... *100 g*

Putenschnitzel klopfen, würzen, panieren und in Butter braten. Mit Rahmchampignons anrichten.

Würzig gefülltes Blätterteighörnchen

Blätterteig .... *300 g*
Speck (durchwachsen) .... *50 g*
Zwiebeln .... *1 Stück*
Champignons .... *150 g*
Tomatenmark .... *1 EL*
Salz, Pfeffer
Butter .... *2 EL*
Eigelb .... *2 Stück*

Blätterteig in Dreiecke schneiden, Speck und Zwiebeln würfeln, Champignonscheiben zugeben und mit Tomatenmark anbraten.
Ablöschen und schmoren, bis keine Flüssigkeit mehr vorhanden ist. Die Masse auf den Teig geben und zu Hörnchen drehen, mit Eigelb bestreichen und bei 180 °C 25 Minuten backen.

Menü 23

Marzipaneisschale mit Eierlikör

Kaffee

Berliner Kuchenteller mit Erdbeer- und Ananastörtchen, Nougatröllchen und Spritzkuchen

MENÜ 24

Gefüllte Hühnerbrusttranchen auf Apfelsalat, pikante Mangosauce, Butterkugeln, Weißgebäck

Hühnerbrust.................... 4 Stück

FÜLLUNG
Hühnerfleisch.................... 3 Teile
Kalbfleisch...................... 1 Teil
Schweinefleisch.................. 1 Teil
Schinkenwürfel
Ei............................... 1
Salz, Pfeffer, Muskat, feine Zwiebelwürfel (angeschwitzt)
Hühnerbrust vorsichtig als Tasche einschneiden, klopfen, würzen, füllen, rollen, dünsten. Außer Zwiebeln alles durch die feine Wolfscheibe drehen, würzen, mischen. Anschließend unterkneten.

APFELSALAT *s. Menü 4*

PIKANTE MANGOSAUCE
Reife Mango 1
Curry-Puder...................... 1 TL
Zitronenpfeffer
Gemahlener Ingwer
Süße Sahne .... 25 g
Englischer Senf.................. 1 EL
Salz
Mango-Frucht wie eine Orange einschneiden, Haut abziehen und das Fruchtfleisch vom Kern lösen. Im Mixer fein pürieren.
Mit allen anderen Zutaten abschmecken.

BUTTERKUGELN
Butter wird ausgestochen und geformt.

Menü 24

Weissgebäck
(Kleine Brötchen, Hörnchen o. ä.)

Champignonkraftbrühe mit Kalbsfleischklösschen

Champignonkraftbrühe *s. Menü 9*

Kalbsfleischklösschen
Kalbsfleisch .... *100 g*
Weißbrot .... *1 Scheibe*
Eiklar .... *1 Port.*
Süße Sahne .... *100 g*
Salz, Pfeffer, Muskat
Weißbrot einweichen und ausdrücken.
Kalbsfleisch zweimal durch den Wolf drehen, Weißbrot und Gewürze zugeben und durchkneten.
Zum Schluß als Auflockerung süße Sahne zugeben und in Brühe garen.

Gespickte Rindslende, Möhrenstifte, junge Erbsen, Petersilienkartoffeln

Rindslende
Rindslende .... *500 g*
Speck (fett) .... *100 g*
Salz, Pfeffer
Braune Kraftsauce .... *1/4 l*
Röstgemüse .... *1 Bund*
Rindslende trocknen, parieren, spicken, würzen und in Öl braten. Öfter wenden und begießen.

Edelgemüse *s. Menü 3*

Petersilienkartoffeln *s. Menü 3*

Essen mit Károly Grósz am 8.9.1988

Menü 24

Dessert

Eisschale »Karibik«

Ananaseis	*4 Kugeln*
Vanilleeis	*4 Kugeln*
Zitroneneis	*4 Kugeln*
Mandarinenfilets	
Bananen	*2*
Ananas	*1/2 frische Frucht*
Kandierte Kirschen mit Stiel	*4*
Maraschinolikör	*4 cl*
Schlagsahne	*50 g*

Eine Kugel Eis in eine Eisschale geben, Früchte darauf anrichten, mit Maraschinolikör beträufeln. Rosette von Schlagsahne spritzen und kandierte Kirsche aufsetzen.

Mokka
Petits fours

Dunkler Anzug, höchster Orden.

Originalrezepte aus dem Kochbuch: »Das schmeckt auch uns«

Das schmeckt uns .

Gefüllte Tomaten

Die Deckel der mittelgroßen Tomaten abschneiden, mit einem Kaffeelöffel das Fruchtfleisch entfernen Die Käsemasse mit einer Tortenspritze in die leeren Tomaten füllen. Deckel aufsetzen und mit kleinen „**Sahna**"-Pünktchen fliegenpilzartig garnieren.

Für besondere Festtage

Sahna-Kreme für Tortenfüllung

500 g „**Sahna**" rührt man mit 100 g Zucker schaumig, dann schlägt man 5 Eier mit 200 g Zucker auf dem Feuer zu einer steifen Masse, nimmt sie vom Feuer und schlägt sie so lange weiter, bis die Masse erkaltet ist. Beide Massen gibt man zusammen und rührt sie glatt. Diese Kreme wird nicht sauer, sie ist deshalb für den Sommer besonders zu empfehlen.

..und unseren Gästen

Menü 25

AUSGEWÄHLTE KALTE SPEISEN

Pfefferbitok mit Schinkenmus

Kleine Bulette mit grünem Pfeffer . 4 Stück
Kochschinken .... 50 g
Butter .... 30 g
Salz, Pfeffer
Sahne .... 30 g

Kochschinken fein durch ein Sieb streichen, mit Butter schaumig rühren. Zusammen mit der Sahne unterziehen, mit Salz und Pfeffer würzen. Auf das Bitok aufspritzen und garnieren.

Gefüllte Eier mit Kaviarcreme

Eier .... 2 Stück
Butter .... 20 g
Salz
Zitronensaft .... 1 TL
Chili ....
Kaviar .... 2 TL
Dillzweig
Schlagsahne .... 25 g

Gekochte Eier quer oder längs aufschneiden, Eigelb herausnehmen, durch ein Sieb streichen, weiche Butter unterziehen und würzen. Ungesüßte geschlagene Sahne mit Salz, Zitronensaft und etwas Chili würzen, entsprechende Menge Kaviar unterziehen.
Auf Eihälfte spritzen und mit Dillzweig garnieren.

Gefüllte Tomate mit Italienischem Salat

Tomaten .... 4 Stück
Pökelzunge .... 50 g
Gekochte Kartoffeln .... 25 g
Grüne Bohnen .... 50 g
Möhren .... 50 g
Grüne Erbsen .... 50 g

MENÜ 25

Kapern .... *4 Stück*
Oliven (entsteint) .... *2 Stück*
Mayonnaise .... *10 g*
Zwiebel .... *1 Stück*
Heringsfilet .... *50 g*
Salz, Pfeffer
Zucker .... *1 TL*

Tomate aufschneiden und Kerngehäuse entfernen. Alle Zutaten in feine Streifen schneiden, die Zwiebel würfeln, alles mischen, würzen, mit Mayonnaise binden und in die Tomate füllen, garnieren.

GAUMENFREUDEN AUS DER WARMEN KÜCHE

Warme Schinkenscheiben mit Gemüsechutney

GEMÜSECHUTNEY
Perlzwiebeln
Gewürzgurke .... *1 Stück*
Blumenkohl .... *250 g*
Salatgurke .... *1/2 Stück*
Grüne Bohnen .... *250 g*
Weinessig .... *1/4 l*
Macispulver .... *1 Messerspitze*
Weißer Pfeffer .... *1 TL*
Senfpulver .... *1 TL*
Currypulver .... *2 EL*
Safran .... *1 Messerspitze*
Zucker .... *4 EL*

Gemüse putzen, waschen, abtropfen, fein hacken. Alles in einen flachen Topf geben. 1/4 l Wasser und Essig zugeben, die Gewürze und den Zucker unterrühren, bei milder Hitze so lange kochen, bis die Flüssigkeit verdampft ist. Öfter umrühren und kräftig abschmecken.

Menü 25

Chutney wird zu den warmen Schinkenscheiben extra gereicht.

Schweinerückensteak mit Kräuterpilzen

Schweinerücken .... *200 g*
Mehl .... *1 EL*
Salz, Pfeffer
Öl............................ *2 EL*
Frische Champignons......... *100 g*
Steinpilze..................... *100 g*
Butter........................ *20 g*
Zwiebel....................... *1 Stück*
Gehackte Petersilie .... *1 EL*

Steaks schneiden, plattieren, würzen, mehlieren und in Öl braten. Pilzscheiben, Zwiebelwürfel würzen und in Butter dünsten. Auf den Steaks anrichten und mit gehackter Petersilie bestreuen.

Masthähnchenstücken, ausgelöst, mit Früchten

Masthähnchen .... *200 g*
Butter........................ *30 g*
Salz, Pfeffer
Ananas....................... *150 g*
Pfirsiche .... *150 g*
Mandarinenfilets. .... *150 g*

Hähnchen grillen oder braten. Karkasse und Knochen auslösen und portionieren.
In Butter geschwenkte Früchte dazureichen.

Menü 25

Aus der Patisserie

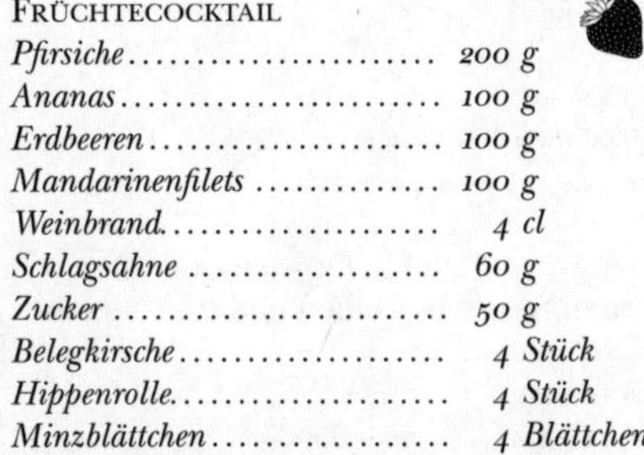

Früchtecocktail

Pfirsiche .... *200 g*
Ananas .... *100 g*
Erdbeeren .... *100 g*
Mandarinenfilets .... *100 g*
Weinbrand .... *4 cl*
Schlagsahne .... *60 g*
Zucker .... *50 g*
Belegkirsche .... *4 Stück*
Hippenrolle .... *4 Stück*
Minzblättchen .... *4 Blättchen*

Marinierte klein geschnittene Früchte in ein Cocktailglas mit Zuckerrand füllen und mit Schlagsahne, Hippenrolle, Belegkirsche und Minzblättchen garnieren.

Obstschaumspeise

Apfelmus .... *400 g*
Eiklar *1*
Vanillezucker .... *3 Beutel*
Zitronensaft .... *2 EL*

Apfelmus unter das geschlagene Eiklar ziehen und mit Zitronensaft und Vanillezucker abschmecken. In Weingläser füllen und garnieren.
Diese Schaumspeise läßt sich mit anderen Obstsorten beliebig variieren.

Menü 26

Geraer Saftschinkenröllchen mit Sahnemeerrettich

Zubereitung *s. Menü 8*

Kaninchenkeulentranche auf Sellerie-Pfirsich-Salat

Kaninchenkeulen .... 2 Stück
Salz, Pfeffer, Öl
Kaninchenkeulen würzen und in Öl scharf anbraten, wenden und braten lassen. Abkühlen und tranchieren.

Sellerie-Pfirsich-Salat
Sellerie .... 1/2 Knolle
Pfirsiche .... 4 Stück
Mayonnaise, Joghurt, Zitrone, Salz, Zucker, Orangensaft, Garnitur

Garnitur
Kopfsalat, Zitrone, Petersilie

Sellerie würfeln und blanchieren. Pfirsiche abziehen und würfeln. Aus der Mayonnaise, dem Joghurt, den Gewürzen und Orangensaft eine Marinade herstellen. Sellerie und Pfirsichwürfel unterheben. Anrichten, Kaninchenkeulentranchen auflegen und garnieren.

Berliner Kartoffelsuppe mit Miniwürstchen

Kartoffeln
Speck (mager), Butter, Suppengrün, Zwiebel, Brühe, Lorbeer, Pfefferkörner, Majoran, Salz, Pfeffer, Ungesüßte Sahne, Miniwürstchen (Fertigprodukt)
Speckwürfel in Butter anbräunen, Zwiebeln zugeben und kurz anschwitzen. Die Brühe aufgießen, Kartoffeln, Suppengrün und Gewürze zugeben und 45 Minuten kochen lassen. Durch ein Sieb streichen, mit Salz, Pfeffer und der Sahne abschmecken.

Essen mit Shambyn Batmunch am 10.10.1988

Menü 26

Kaßlerrücken in Burgunder, gefüllte Grilltomate, Weinsauerkraut, Kräuterkartoffelklöße

Kasslerrücken in Burgunder

Kaßlerrücken, Salz, Pfeffer, Röstgemüse, Braune Brühe, Burgunder

Kaßlerrücken in Wasser mit der Fettseite ansetzen, Röstgemüse zugeben, mit brauner Brühe auffüllen und garen. Bratenfond mit Burgunder abschmecken und leicht binden.

gefüllte Grilltomate

Tomaten, Weißbrotkrumen, Butter, Geriebener Käse, Salz, Pfeffer

Tomaten halbieren und entkernen. Würzen und mit Weißbrotkrumen füllen. Butterflöckchen und geriebenen Käse auf die Weißbrotkrumen geben und im Grill überbacken.

Weinsauerkraut

Sauerkraut, gespickte Zwiebel, Weißwein, Brühe, Speck (fett)

Sauerkraut, gespickte Zwiebel, ausgelassenen Speck ohne Grieben in der Brühe dünsten.
Anschließend mit Weißwein aufkochen.

Kräuterkartoffelklösse

Kartoffelklösse *s. Menü 11*

Unter die Kloßmasse wird gehackte Petersilie gezogen.

Zimteisschale mit Brombeersauce

Zimteis (Fertigprodukt)

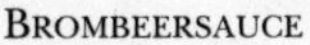

Brombeersauce

Brombeeren .... *200 g*
Rotwein .... *1 Glas*

Menü 26

Zitronensaft .... *1 TL*
Zucker .... *2 EL*
Stärke .... *1 EL*

Brombeeren mit Rotwein aufkochen, mit Zucker und Zitrone abschmecken und mit Stärke leicht binden.

Mokka
Ananashalbmond

VEB GASTSTÄTTEN HO BERLIN

Eichendorffstraße 13
Berlin 1040

VEB GASTSTÄTTEN HO BERLIN
Betriebsteil Lichtenberg
1157 Berlin, Gundelfinger Str. 5?
Tel.: 5 09 09 41

Berlin, den 26. Juni 1990

Werte Kollegin / Werter Kollege

Mit Wirkung vom 1. Juli 1990 wird Ihnen die fristgemäße Kündigung entsprechend Ihres Arbeitsvertrages auf der Grundlage des AGB der DDR und des Kündigungsschutzgesetzes der BRD vom 25. 8. 1969 in der Fassung von 1978 zum

....

ausgesprochen.

Begründung:

Ausgehend vom Magistratsbeschluß Nr. 109/90 vom 12. 3. 1990 zur Privatisierung der kleinen und mittleren Gaststätten und dem Beschluß der Volkskammer vom 17. 6. 1990 zur Privatisierung der in Treuhandverwaltung befindlichen volkseigenen Betriebe der DDR wird der VEB Gaststätten HO Berlin zum 1. 7. 1990 in eine Kapitalgesellschaft umgewandelt und danach schrittweise in seiner Struktur aufgelöst und marktwirtschaftlichen Bedingungen untergeordnet.

Damit entfällt Ihr Aufgabengebiet und Ihr Arbeitsplatz.

Eine Weiterbeschäftigung mittels Änderungsvertrag bzw. ein Überleitungsvertrag kann Ihnen nicht angeboten werden.

Die Zustimmung der zuständigen Belegschaftsvertretung zur fristgemäßen Kündigung liegt vor.

Rechtsmittelbelehrung:

Gegen die fristgemäße Kündigung haben Sie nach dem Kündigungsschutzgesetz § 4 ein Einspruchsrecht innerhalb von 3 Wochen beim zuständigen Arbeitsgericht.

i. A. [Unterschrift]
BT-Direktor / FD Personal und Bildung

MENÜ 27

Vorspeisen

ZUCHTWACHTELBRÜSTCHEN AUF MAISPÜREE

Wachteln .... *4 Stück*
Salz, Pfeffer, Muskat
Butter .... *50 g*
Kartoffeln .... *400 g*
Mais .... *400 g*
Sahne .... *20 g*

Wachteln würzen und in Butter braten.
Brüstchen auslösen. Kartoffeln kochen und pürieren. Kartoffelpüree mit einem Schneebesen und der Sahne aufschlagen. Mais mit einem Pürierstab pürieren und unter das Kartoffelmus ziehen. Püree aufspritzen, Wachtelbrüstchen anrichten und garnieren.

FORELLENRÖLLCHEN MIT DILLSAUCE UND LACHSKAVIAR

Forellenfilet .... *250 g*
Salz, Pfeffer
Zitronensaft .... *1 TL*
Zitrone .... *1/2 Frucht*
Lachskaviar .... *2 TL*
Dill
Schlagsahne .... *25 g*
Joghurt .... *150 g*

Forellenfilet marinieren, zusammenrollen und in Weißwein pochieren. Joghurt mit Schlagsahne mischen, würzen und anrichten.
Lachskaviar auf Zitronenscheibe als Garnitur.

SCHAUMBROT VON RÄUCHERZUNGE MIT SPARGELSPITZEN

Gepökelte Rinderzunge .... *200 g*
Mayonnaise .... *100 g*
Schlagsahne .... *80 g*
Blattgelatine .... *3 Blatt*
Salz, Pfeffer

MENÜ 27

Zitronensaft .... *1 TL*
Worchestersauce .... *1 TL*
Petersilie
Tomatenecken .... *4 Stück*
Spargelspitzen .... *8 Stück*

Zunge sehr fein durchlassen und durch ein Haarsieb drücken. Die Mayonnaise mit dem Aspik und die Zungenmasse zugeben und würzen. Die geschlagene Sahne unterheben und in vorbereitete Formen füllen. Als Kuchen stürzen und anrichten. Mit marinierten Spargelspitzen, Petersilie und Tomatenecken garnieren.

EXTRASTARKE PUTENSUPPE MIT PISTAZIENKLÖSSCHEN UND TOMATENROYAL

Putenkarkasse .... *1000 g*
Suppengrün .... *1 Bund*
Salz, Pfeffer,
Zwiebel .... *1 Stück*
Tomaten .... *2 Stück*
Gehackte Kräuter .... *1 EL*
Pistazien .... *20 g*

Aus der Putenkarkasse, Suppengrün und Zwiebel eine kräftige Brühe kochen und einkochen lassen. Durch ein Tuch drücken. Tomaten brühen, halbieren, Kerngehäuse entfernen, abziehen und in kleine Würfel schneiden. Kalbfleischklößchen mit gehackten Pistazien formen. Mit Tomatenroyal als Einlage und gehackten Kräutern garnieren.

Filetensemble »Trianon«

KALBSFILET MIT SCHINKENDUXELLES

Kalbsfilet .... *250 g*
Salz, Pfeffer
Butter .... *40 g*

Menü 27

Kalbsfilet zu Medaillons schneiden, würzen
und in Butter braten.

Schinkenduxelles

Zwiebel .... *1 Stück*
Champignons .... *200 g*
Kochschinken .... *100 g*
Petersilie
Butter .... *20 g*
Tomatenmark .... *2 EL*
Braune Kraftsauce .... *1/4 l*
Geriebenes Weißbrot
(Semmelmehl) .... *2 EL*
Weißwein .... *2 EL*

Gehackte Zwiebeln in Butter anrösten, feingehackte Champignons zugeben und dünsten. Mit gehackter Petersilie und den Gewürzen vermengen.
Den fein gehackten Kochschinken zugeben und mit Weißwein einkochen. Tomatenmark, braune Kraftsauce und Semmelmehl untermischen.

Rinderfilet mit Gemüsebukett

Rinderfilet .... *200 g*
Öl .... *2 EL*
Salz, Pfeffer
Römische Pasteten
(Eierkuchenteig) .... *4 Stück*
Möhrenstifte .... *50 g*
junge Erbsen .... *50 g*
Kräuterchampignons .... *50 g*
Rotweinsauce .... *1/8 l*

Rinderfilet häuten, würzen und in Öl braten.
Vor dem Aufschneiden 10 Minuten ruhen lassen.
Römische Pasteten mit Pasteteneisen in heißem Fett ausbacken.
Gemüse trocken halten und in Pasteten füllen.

Menü 27

Hühnermedaillon mit Pfirsichhälfte

Hähnchenbrust .... *250 g*
Butter .... *50 g*
Salz, Pfeffer
Pfirsichhälften .... *4 Stück*
Gehackte Mandeln .... *20 g*

Hähnchenbrust dressieren, würzen und in Butter braten. Pfirsichhälften in Butter schwenken und auf dem Hähnchenmedaillon mit gehackten Mandeln anrichten.

Dessert »Surprise«

Biskuitboden .... *300 g*
Schoko-Marzipanmasse .... *50 g*
Eiklar *3*
verschiedene Eissorten
Puderzucker .... *50 g*

Die Biskuitböden in einer ovalen feuerfesten Form zuschneiden. Aus der Deckplatte links und rechts kleine Keile herrausschneiden.
Auf den Biskuitboden die Schoko-Marzipanmasse gleichmäßig verteilen.
Eis auftragen und ca. 30 Minuten in das Gefrierfach geben. Eiklar steif schlagen und langsam den Puderzucker unterziehen.
Das geschlagene Eiklar aufspritzen und überbacken.

Sachwortverzeichnis

Sachwortverzeichnis

Sachwortverzeichnis

SACHWORTVERZEICHNIS

Sachwortverzeichnis

Sachwortverzeichnis

Sachwortverzeichnis

Schlusswort

So absurd oder launig manchem auch manches in diesem Buch erscheinen mag – wenn es ums Kochen geht, darf man getrost alles todernst nehmen! Für alle beschriebenen Festmenüs lagen dem Autor nämlich Original-Speisekarten, Einladungen und teilweise auch Protokolle der Staatsbesuche vor. Die Rezepte wurden von einem Wirklichen und Geheimen Hof-Koch zusammengestellt und überprüft, der an der Zubereitung vieler der aufgeführten Staatsmenüs tatsächlich selbst beteiligt war.

Als Kochbuch für den Hausgebrauch setzt vorliegender Band ganz auf den mündigen Bürger: Speisen, die auch der minder Staatsnahe gelegentlich daheim in seiner bescheidenen Küche zubereitete, wurden hier nicht noch einmal erklärt.

Zitate und Bildvorlagen entstammen (soweit letztere nicht eigens von Barbara Henniger angefertigt wurden) dem Privatarchiv des Autors, dem ADN-Archiv (für das jetzt das Bundesarchiv in Koblenz verantwortlich ist, dem hiermit gedankt sei) oder einfach nur einer vergangenen Wirklichkeit.

Und die Witze? Sie allein sind geblieben, was sie schon immer waren: volkseigen.

Guten Appetit!

Ihr Eulenspiegel Verlag

HEYNE ALLGEMEINE REIHE
Band-Nr. 01/13638

Umwelthinweis:
Dieses Buch wurde auf
chlor- und säurefreiem Papier gedruckt.

Taschenbuchausgabe 10/2002

Wilhelm Heyne Verlag GmbH & Co. KG, München
Printed in Germany 2002
Umschlagillustration: Barbara Henninger
Umschlaggestaltung: Nele Schütz Design, München
Gesamtherstellung: Ebner & Spiegel, Ulm

ISBN: 3-453-21308-4